Haben Engel Flügel?

Hildegard Kretschmer

Verlag Sankt Michaelsbund

Inhalt

Laurentius soll einen Engel malen   04
»Die Engel«   *Raffaello Santi*

Der Engel, der zu Maria kam   06
»Verkündigung an Maria«   *Vittore Carpaccio*

Wie sehen Engel aus?   08

Der Engel an der Pforte zum Paradies   10
»Der Wächter des Paradieses«   *Franz von Stuck*

Gott verspricht Abraham einen Sohn   12
»Der Besuch der drei Männer bei Abraham«   *Mosaik, Rom, Santa Maria Maggiore*

Hagar in der Wüste   14
»Hagar in der Wüste«   *Giambattista Tiepolo*

Gott stellt Abraham auf die Probe   16
»Abraham opfert Isaak«   *Januarius Zick*

Jakob träumt von einer Leiter bis zum Himmel   18
»Der Traum Jakobs von der Himmelsleiter«   *unbekannter französischer Meister*

Jakob kämpft mit einem Engel   20
»Jakobs Kampf mit dem Engel«   *Eugène Delacroix*

Ein Engel geht durch Ägypten   22
»Die Israeliten essen das Osterlamm«   *Marc Chagall*

Bileam und seine Eselin   24
»Der Prophet Bileam«   *Rembrandt*

Das Opfer Manoahs   26
»Das Opfer des Manoah«   *Rembrandt Nachfolger*

Elia in der Wüste   28
»Elias Speisung durch einen Engel«   *Dirck Bouts*

Raphael und Tobias   30
»Tobias und der Engel«   *Adam Elsheimer*

Die drei Jünglinge im Feuerofen   32
»Jünglinge im Feuerofen«   *Jacob Willemsz. de Wet*

Daniel in der Löwengrube   34
»Daniel in der Löwengrube«   *Jacopo Guarana*

Die Vertreibung von Heliodor   36
»Heliodor wird aus dem Tempel vertrieben«   *Eugène Delacroix*

Ein Engel erscheint Zacharias   38
»Die Verheissung der Geburt des Täufers«   *Lorenzo und Jacopo Salimbeni*

Die Verkündigung an Joseph   40
»Der Traum des hl. Joseph«   *Anton Raphael Mengs*

Die Verkündigung an die Hirten 42
»Verkündigung an die Hirten« *Sano di Pietro*

Christi Geburt 44
»Anbetung des Kindes« *Stefan Lochner*

Der Besuch der Drei Weisen 46
»Der Traum der Heiligen Drei Könige«

Aufforderung zur Flucht nach Ägypten 48
»Josephs Traum im Stall von Bethlehem« *Rembrandt*

Ein Wunder am Teich Betesda 50
»Jesus heilt einen Gelähmten am Teich Betesda« *Bartolomé Esteban Murillo*

Jesus am Ölberg 52
»Christus am Ölberg« *Meister des Sterzinger Altares*

Die Auferstehung Jesu Christi 54
»Die Drei Marien am Grabe Christi« *Hubert und Jan van Eyck*

Himmelfahrt 56
»Christi Himmelfahrt« *Perikopenbuch Kaiser Heinrichs II.*

Ein Engel befreit Petrus aus dem Kerker 58
»Befreiung Petri aus dem Kerker« *Raffaello Santi*

Jüngstes Gericht 60
»Der heilige Michael als Seelenwäger« *Guariento di Arpo*

Engel bei Gott 62
»Gottvater als Schöpfer von Himmel und Erde« *Peter von Cornelius*

Himmlische Musikanten 64
»Krönung Mariens« *Meister der Lyversberger Passion*

Kinderengel 66
»Madonna im Blumenkranz« *Peter Paul Rubens*

Ein Schutzengel für jeden von uns 68
»Schutzengel am Bach« *Joseph Karl Stieler*

Engel und Heilige 70
»Matthäus und der Engel« *Michelangelo Merisi da Caravaggio*

Sind Engel immer gut? 72
»Der Sturz der gefallenen Engel« *Pieter Bruegel d. Ä.*

Engel in anderen Religionen 74
»Aja'ib al-Markhtukat«

Moderne Engel 76
»Engel, noch tastend« *Paul Klee*

Laurentius beginnt zu malen 78

»Die Engel« Raffaello Santi, 1512/13

Laurentius soll einen

Es war einmal – und das ist noch gar nicht so lange her – ein Maler mit dem Namen Laurentius. Eines Tages kam ein Mann zu ihm und bestellte ein Bild. Ein Engel sollte darauf zu sehen sein. Laurentius freute sich sehr über den Auftrag, denn er war oft genug knapp bei Kasse.

Doch wie malt man einen Engel? Und was sind Engel überhaupt? Laurentius war sich da nicht so sicher. Manche seiner Freunde sagten einfach: »Engel gibt es doch gar nicht.« Andere waren dagegen überzeugt, dass ihnen schon einmal ein Engel geholfen hat, auch wenn sie ihn nicht hatten sehen können. Und wieder andere hatten die beruhigende Hand eines Engels gespürt, als sie einmal in großer Angst waren. Auch wunderbare Veränderungen im Leben eines Menschen oder Unfälle, die man auf unbegreifliche Weise überstanden hatte, im letzten Moment verhinderte Katastrophen – all das wird oft mit dem Eingreifen eines Schutzengels erklärt.

Außerdem begegnen uns Engel ja ständig auf Plakaten, im Kino und im Fernsehen, und im Advent laufen sie sogar in den Geschäften herum. Sie haben weiße Gewänder an, viele blonde Locken und große Flügel. Und so werben sie für Schnaps oder Zigaretten, damit wir uns die Gesundheit ruinieren, für Autos, die so schnell sind, dass wir uns damit zu Tode rasen können, oder auch für Süßigkeiten, damit wir uns dick und krank essen. Sind das Engel? Soll man sich Engel so vorstellen? Laurentius gefiel das gar nicht. Doch wie sehen Engel wirklich aus? Kann man überhaupt einen echten Engel malen?

Aber es gibt doch Engelbilder von Malern und Bildhauern! Vielleicht zeigen wenigstens einige von ihnen etwas Engelhaftes, vielleicht können diese Bilder Laurentius mehr über Engel erzählen.

In seinen Büchern entdeckte Laurentius eine ganze Menge davon. Mit ihnen wollte er sich beschäftigen. Außerdem hielt er in Kirchen und Museen nach solchen Bildern Ausschau. So fand der Maler Engelbilder, die weit mehr als tausend Jahre alt waren, und er fand Bilder, die Menschen aus unserer Zeit gemalt haben.

Laurentius hatte auf einmal den Kopf nur noch voller Engelbilder: ehrfurchtgebietende Engel und schöne, liebliche und strenge, fröhliche und trauernde, Kinderengel und Männerengel, Schutzengel und himmlische Musikanten ...

Engel malen

Wie malt man einen Engel? Und was sind Engel überhaupt?
Laurentius war sich da nicht so sicher.

»Verkündigung an Maria« Vittore Carpaccio, 1504

Der Engel, der zu Maria kam

Da gibt es in der Bibel die Erzählung vom Engel, der zu Maria kam. Er brachte eine Botschaft, die die Welt verändern sollte. Und viele, viele Maler stellten dieses Ereignis Jahrhunderte lang immer wieder dar. Du hast bestimmt auch schon Bilder davon gesehen. Laurentius blätterte im Neuen Testament und las im Bericht des Evangelisten Lukas, was damals geschah:

Vor ungefähr zweitausend Jahren lebte in der Stadt Nazareth eine junge Frau namens Maria. Eines Tages erschien ein Engel bei ihr. Es war der Erzengel Gabriel. Gott hatte ihn gesandt. Gabriel sagte zu Maria: »Sei gegrüßt. Der Herr ist mit dir. Du bist von ihm auserwählt worden.« Maria erschrak über diese Anrede, denn sie wusste nicht, was sie bedeuten sollte.

Da beruhigte sie der Engel: »Fürchte dich nicht, Maria, denn du hast Gnade gefunden bei Gott. Du wirst ein Kind bekommen und du sollst ihm den Namen Jesus geben. Er wird mächtig sein und Sohn Gottes genannt werden und seine Herrschaft wird niemals zu Ende gehen.«

Maria fragte den Engel, wie das geschehen solle, da sie ja keinen Mann habe. Maria war zwar mit einem Zimmermann namens Joseph verlobt, aber sie lebten noch nicht zusammen. Der Engel antwortete ihr: »Der Heilige Geist wird über dich kommen und die Kraft des Höchsten wird in dir wirken. Deshalb wird auch das Kind heilig sein.« Da sagte Maria: »Ich möchte eine Dienerin Gottes sein. Was Gott will, soll geschehen.« Und der Engel verließ sie und alles geschah, wie er es gesagt hatte.

Maria hat sich gefürchtet, aber wie der Engel ausgesehen hat, ist nicht überliefert. In diesem Bild sieht Maria nicht sehr ängstlich aus und der Engel hat mächtige Flügel. Von beidem steht nichts in der Bibel. Der Maler Vittore Carpaccio hat das Bild vor mehr als 500 Jahren in Venedig gemalt. Er kannte natürlich viele andere Bilder der Verkündigung an Maria, die Maler vor ihm geschaffen hatten. Über diese hat er sicher genauso nachgedacht wie über den Text der Bibel. Dann malte er sein eigenes Bild.

Maria kniet vor einem Betpult. Sie hat in der kleinen, zum Garten offenen Loggia gerade in der Bibel gelesen. Nun neigt sie sich etwas zur Seite. Ihre Hand ist erhoben. Ob sie etwas hört? Den Engel scheint sie nicht zu sehen. Vielleicht spürt sie den Lichtstrahl, der von Gottvater in der linken oberen Bildecke ausgeht. Mit diesem Strahl fliegt eine Taube, das Sinnbild des Heiligen Geistes, zu Maria. Der Engel steht draußen vor der Loggia. Sonst kniet er oft vor Maria. Hier ist er ganz leise herangetreten. Er hält eine weiße Lilie in der Hand. Mit der anderen fordert er Maria zur Aufmerksamkeit auf, doch auch er schaut Maria nicht direkt an. Vielleicht wollte der Maler damit zeigen, dass das wirklich Wichtige das war, was Maria in ihrem Inneren erlebt hat.

Das prächtig verzierte Haus, bei dem man durch die offene Tür bis ins Schlafzimmer schauen kann, liegt in einem Garten, der von einer hohen Mauer umschlossen ist. Im Gras wachsen Blumen. Viele Vögel bevölkern das Bild. All das und auch die Lilie hat der Maler aber nicht nur gemalt, damit es schön aussieht. Früher dienten viele Dinge als Hinweis auf etwas anderes. Sie waren Sinnbilder. Und so sollen die weiße Lilie und die weißen Tauben die Reinheit und Unschuld Mariens zeigen und der geschlossene Garten ihre Unberührtheit. Der Fasan, der den Engel begleitet, verweist auf das Paradies, weil er so prächtig ist. Die rote Nelke in der Vase neben Maria ist dagegen ein Sinnbild für das Leiden von Jesus Christus, weil ihre Farbe an Blut und ihre Form an einen Nagel erinnert. Und auch der Stieglitz weist mit seinem roten Schopf auf das Blut der Passion. Die Blüten im Garten sind Frühlingsblumen. Sie zeigen, dass das Fest Maria Verkündigung, das am 25. März gefeiert wird, also genau neun Monate vor dem Weihnachtsfest, im Frühling liegt.

Ganz unten hat der Maler noch den Namen des Auftraggebers hingeschrieben und wann das Bild gemalt wurde. Der Mann hieß Zuan de Nicolo und das Bild war im April 1504 fertig.

Da sagte der Engel zu ihr: Fürchte dich nicht, Maria; denn du hast bei Gott Gnade gefunden. Du wirst ein Kind empfangen, einen Sohn wirst du gebären: dem sollst du den Namen Jesus geben.

(Lukas 1, 30–31)

Wie sehen Engel aus?

Als Maler zum ersten Mal Engel darstellten, mussten diese noch nicht jung, schön und blondgelockt sein und große Flügel haben. Die Menschen wussten von den Engeln nur aus den Erzählungen der Bibel oder falls sie selbst etwas Wunderbares erlebt hatten. Und in der Bibel wird nicht berichtet, wie Engel aussehen. Oft erkannten die Menschen in den biblischen Erzählungen gar nicht, dass ein Engel zu ihnen sprach. Erst ganz zum Schluss oder überhaupt erst hinterher merkten sie an dem, was mit ihnen geschehen war, dass es ein Engel gewesen sein musste.

Diesen Menschen waren Männer begegnet, Männer, wie man sie auch sonst traf. Sie hatten kein besonderes Aussehen gehabt. Das Wichtige war die Botschaft, nicht der Bote. Und manchmal war es auch so, dass die Menschen nicht einmal wussten, ob es ein Engel oder gar Gott selbst gewesen ist, dessen Stimme sie gehört hatten. Oft hatte dieser Einbruch des Überwirklichen bei ihnen sogar Angst ausgelöst. Aber dann hatten sie alle die Nähe Gottes gespürt, und ihr Leben hatte sich verändert.

Erst im Laufe der Zeit entstand in den Köpfen der Menschen und der Maler eine Vorstellung davon, wie Engel aussehen könnten. Laurentius aber wollte es genauer wissen. Er suchte und las viele Texte in der Bibel, in denen Engel vorkommen, Engel mit Flügeln und ohne Flügel, gute Engel und gefallene Engel, Boten und Helfer und Engel im Himmel bei Gott. Tag und Nacht dachte er nur noch an Engel.

Der Engel an der Pforte zum Paradies

»Der Wächter des Paradieses« *Franz von Stuck, 1889*

Ganz am Anfang der Bibel steht die Schöpfungsgeschichte. Da wird berichtet, wie Gott die Welt erschuf, die Sonne, den Mond, die Sterne, die Erde, die Tiere und die ersten Menschen. Sie hießen Adam und Eva und lebten im Paradies und hatten alles in Fülle. Doch vom Baum der Erkenntnis von Gut und Böse und vom Baum des Lebens mitten im Paradies hatte ihnen Gott verboten zu essen. Eines Tages kam eine Schlange und versprach Adam und Eva, dass sie sein würden wie Gott, wenn sie die verbotenen Früchte äßen. Weil sie alles haben und allmächtig sein wollten, ließen sich Adam und Eva von der Schlange dazu verleiten, gegen Gottes Gebot zu verstoßen. Eva pflückte die Früchte vom Baum der Erkenntnis und beide kosteten davon. Da gingen ihnen die Augen auf und Adam und Eva wussten nun, was das Böse ist. Dann versteckten sie sich.

Als Gott die Menschen zur Rede stellte, schob Adam die Schuld auf Eva und Eva beschuldigte die Schlange. Da verfluchte Gott die Schlange und die Menschen vertrieb er aus dem Paradies, damit sie sich nicht auch noch die Früchte vom Baum des Lebens holten und unsterblich würden. Gott ließ das Paradies nun durch einen Engel mit loderndem Flammenschwert bewachen. Draußen aber mussten die Menschen ihren Lebensunterhalt unter Mühen verdienen.

Laurentius fand ein Bild von einem Wächter des Paradieses. Der Maler hat ihn als kräftigen, jungen Mann gezeigt, mit einem weißen Gewand und weit gespannten Flügeln. Entschlossen und energisch steht dieser Engel da. In seiner Rechten hält er das lodernde Flammenschwert. Alles ist in helles Licht getaucht. Hier kommt keiner mehr zurück ins Paradies. Das ist kein niedlicher Engel mit blonden Locken und Goldlametta. Laurentius war tief beeindruckt.

In der Bibel werden die Wächter des Paradieses als Cherubim bezeichnet. Das sind Engel mit vier oder sechs Flügeln, die sonst ganz nah am Thron Gottes stehen, um dem Höchsten zu dienen. Der Maler dieses Bildes, Franz von Stuck, hat sich aber für die uns vertrautere Darstellung mit nur einem Flügelpaar entschieden.

Dann sprach Gott, der Herr: Seht, der Mensch ist geworden wie wir; er erkennt Gut und Böse. Dass er jetzt nicht die Hand ausstreckt, auch vom Baum des Lebens nimmt, davon isst und ewig lebt! Gott, der Herr, schickte ihn aus dem Garten von Eden weg, damit er den Ackerboden bestellte, von dem er genommen war. Er vertrieb den Menschen und stellte östlich des Gartens von Eden die Cherubim auf und das lodernde Flammenschwert, damit sie den Weg zum Baum des Lebens bewachten.

(Genesis 3, 22–24)

Gott verspricht Abraham einen Sohn

Eine andere Geschichte im Alten Testament erzählt von Abraham. Dieser hatte in Ur gelebt, im fruchtbaren Land zwischen den großen Strömen Euphrat und Tigris. Gott hatte ihm jedoch befohlen, von dort weg in ein anderes Land zu ziehen, denn er wollte aus ihm und seinen Nachkommen ein großes Volk machen. Abraham gehorchte und machte sich mit seiner Frau Sarah, einem seiner Neffen und seinen Herden auf den Weg. Er und seine Frau waren aber schon alt und sie grämten sich, da sie keine Kinder hatten. Ohne Nachkommen zu sein, war für die Menschen damals ein großes Unglück. Wie sollte sich das Versprechen Gottes erfüllen? Abraham nahm die Magd Hagar zur Nebenfrau, damit sie ihm ein Kind gebäre. Das war in jener Zeit üblich und Hagar schenkte Abraham einen Sohn mit dem Namen Ismael.

Abraham und die Seinen lebten als Nomaden. Sie zogen mit ihren Herden von Futterplatz zu Futterplatz und hatten keine Häuser. Eines Tages saß Abraham in der Mittagshitze am Eingang seines Zeltes. Da standen plötzlich drei Männer vor ihm. Er wusste nicht, woher sie gekommen waren. Abraham lud die fremden Männer zum Essen ein. Er ließ von Sarah ein köstliches Mahl bereiten und bewirtete seine Gäste. Sarah selbst musste im Zelt bleiben, denn Frauen durften bei einer Männergesellschaft nicht dabei sein. Doch Sarah lauschte heimlich hinter dem Zeltvorhang. Da hörte sie, wie die drei Männer zu Abraham sagten: »In einem Jahr wirst du mit Sarah einen Sohn haben.« Sarah entfuhr ein bitteres Lachen. Sie war doch schon viel zu alt dafür! Die Männer aber hörten ihr leises Lachen und sagten: »Warum lacht Sarah? Bei Gott ist nichts unmöglich.« Und es geschah, was die Männer angekündigt hatten. Abraham und Sarah bekamen einen Sohn, den sie Isaak nannten. Abraham wusste nun, dass die Männer Boten Gottes gewesen waren. Und das ist auch die Bedeutung des Wortes Engel. Aber ausgesehen hatten sie wie ganz gewöhnliche Menschen.

Hier siehst du oben Abraham, wie er die drei Männer begrüßt, die plötzlich vor ihm erscheinen. Unten links trägt Abraham seiner Frau Sarah auf, ein Mahl für die Gäste zu bereiten. Rechts bringt Abraham den Männern ein gebratenes Lamm. Der Künstler hat das alles dargestellt, weil er möglichst viel von der Geschichte zeigen wollte.

»Aber wie soll man beim Anschauen eines Bildes wissen, dass es sich da nicht um gewöhnliche Männer handelt?«, fragte sich Laurentius. Damit man das merkt, hat der Künstler den Männern einen Heiligenschein gegeben. Im oberen Bild ist der mittlere von ihnen auch noch in ganzer Gestalt von einer sogenannten Mandorla umstrahlt. Flügel aber haben die drei Männer in diesem Bild nicht.

Die Tatsache, dass Abraham drei Männer erschienen sind und nicht bloß einer, hat später dazu geführt, dass diese Erzählung auch als ein versteckter Hinweis auf die Dreifaltigkeit Gottes gesehen wurde. Wer ist dann mit den drei Männern gemeint?

Sie sind ein Bild für Gott, der sich uns in drei unterschiedlichen Formen zu erkennen gibt: als Gottvater und Schöpfer der Welt, als Jesus Christus und Erlöser, der zu den Menschen gekommen ist, und als Heiliger Geist, als Beistand Gottes für die Menschen.

Dieses Bild ist nicht gemalt, sondern ein Mosaik. Es ist aus lauter kleinen farbigen Glassteinen oder bunten Marmorsteinen zusammengesetzt. Die Steinchen werden dabei in den noch feuchten Putz oder Kitt gedrückt. Mosaikbilder kannst du auf Wänden, in Gewölben und Kuppeln und auf dem Fußboden alter Gebäude finden.

Als dieses Mosaik in einer Kirche in Rom geschaffen wurde, war Abraham schon weit über 2 000 Jahre tot. Der Künstler hat die Geschichte deshalb nicht so geschildert, wie sie sich zu Lebzeiten von Abraham zutrug – das wusste er wahrscheinlich auch gar nicht. Sarah steht so nicht vor einem Zelt, sondern vor einem Haus und Abraham ist gekleidet wie die Menschen im alten Rom zu jener Zeit, als das Mosaik entstand.

Der Herr erschien Abraham bei den Eichen von Mamre. Abraham saß zur Zeit der Mittagshitze am Zelteingang. Er blickte auf und sah vor sich drei Männer stehen. Als er sie sah, lief er ihnen vom Zelteingang aus entgegen, warf sich zur Erde nieder und sagte: Mein Herr, wenn ich dein Wohlwollen gefunden habe, geh doch an deinem Knecht nicht vorbei!

(Genesis 18, 1–3)

Hagar in der Wüste

»Hagar in der Wüste« *Giambattista Tiepolo, 1727*

Sarah hatte nun einen eigenen Sohn. Jetzt störte es sie, dass auch Ismael, der Sohn ihrer Magd, von Abrahams großem Besitz an Zelten und Tieren erben sollte. Ja, sie wollte nicht einmal, dass der Sohn einer Magd mit ihrem Sohn spielte. Ständig lag sie Abraham in den Ohren, dass er Hagar und ihren Sohn Ismael wegjagen solle. Abraham war bestürzt. Wie konnte seine Frau das wollen? Ismael war doch auch sein Sohn! Da versprach ihm Gott, er werde für Ismael sorgen und auch Ismael werde wie Isaak Stammvater eines großen Volkes werden.

So gab Abraham dem Drängen Sarahs nach. Er verstieß Hagar und mit ihr ihren Sohn, wie es Sarah gewollt hatte. Nur etwas Brot und Wasser gab er ihnen mit. Die Gegend aber war trocken und unfruchtbar. Hagar irrte in dieser Wüste umher. Als sie kein Wasser mehr hatte, legte sie ihren Sohn auf den Boden. Sie selbst setzte sich ein Stück weit daneben hin. Sie hatte solche Angst, dass er sterben würde, und wollte das nicht mit ansehen. Ismael weinte.

Da hörte Hagar auf einmal die Stimme eines Engels. Er verhieß ihr, dass Gott mit ihnen sei und Ismael einmal zahlreiche Nachkommen haben werde. Hagar konnte das nicht glauben – sie würden ja bald verdursten. Deshalb öffnete Gott Hagar die Augen und sie fand einen Brunnen – mitten in der Wüste. Ihr kleiner Sohn und sie waren gerettet! Gott hatte sie nicht verstoßen.

Gott hörte den Knaben schreien; da rief der Engel Gottes vom Himmel her Hagar zu und sprach: Was hast du, Hagar? Fürchte dich nicht, Gott hat den Knaben dort schreien gehört, wo er liegt. Steh auf, nimm den Knaben, und halt ihn fest an deiner Hand; denn zu einem großen Volk will ich ihn machen.

(Genesis 21, 17–18)

Hagar hat den Engel nicht gesehen In der Bibel gibt es nur eine Stimme, denn das, worauf es ankommt, ist ja die Botschaft, nicht der Bote. Aber eine Stimme kann man schlecht malen. So haben die Künstler, wenn sie die Erlebnisse von Hagar in der Wüste darstellten, den Engel sichtbar gemacht.

Hier füllt der Engel einen großen Teil des Bildes aus. Weit sind seine Flügel gespannt. Der Engel stützt sich auf eine Wolkenbank und zeigt Hagar, wo sie frisches Quellwasser finden wird. Vor ihr steht noch das leere Wasserfass, hinter ihr reckt sich ein verdorrter Baum in den dunklen Himmel. Hagar ist erschöpft und traurig. Ganz bleich und wie tot liegt etwas abseits Ismael vor einem abgebrochenen Baumstumpf. So sehen wir gleich, dass hier, wo sich Hagar und Ismael befinden, Leben nicht gut möglich ist. Erst der Engel bringt Rettung. Laurentius, der das Bild betrachtete, hatte großes Mitleid mit Hagar und ihrem Sohn.

Der Maler Tiepolo hat das Bild direkt auf die Wand in den noch feuchten Putz gemalt. Diese Technik nennt man Fresko.

Gott stellt Abraham auf die Probe

»Abraham opfert Isaak« Januarius Zick, um 1778

Als Isaak herangewachsen war, stellte Gott Abraham auf die Probe. Er befahl ihm, seinen über alles geliebten Sohn auf einem Berg im Land Morija als Opfer darzubringen. Abraham lebte in einer Zeit, als andere Völker ihren Göttern noch Menschen opferten. Er und sein Volk dagegen schlachteten Lämmer oder verbrannten Früchte. Abraham erschrak, er wäre lieber selber gestorben, als seinen Sohn zu opfern, doch er wollte Gott gehorchen. So machte er sich mit Isaak auf den Weg zum befohlenen Berg. Sie hatten einen Esel, zwei Knechte und Holz und Feuerglut bei sich. Am Fuße des Berges ließen sie die Knechte mit dem Esel zurück und begannen den Aufstieg.

Als sich Isaak wunderte, weil das Opferlamm fehlte, sagte der Vater: »Gott wird sich das Lamm zum Brandopfer schon aussuchen.« Oben auf dem Berg fesselte Abraham seinen Sohn, um ihn Gott darzubringen. Doch als er voll Verzweiflung das Messer zog, rief ihm plötzlich der Engel des Herrn vom Himmel her zu: »Abraham, Abraham! Strecke deine Hand nicht nach dem Knaben aus und tue ihm nichts zuleide. Denn nun weiß ich, dass du Gott fürchtest. Du hast mir deinen einzigen Sohn nicht vorenthalten.«

Abraham war erlöst von seiner Angst. Er fand einen Widder, der sich mit den Hörnern im Gestrüpp verfangen hatte, und opferte diesen. Er hatte Gottes Willen gehorcht. Und Gott hatte seine Bereitschaft und Hingabe auf die Probe gestellt, aber kein Menschenopfer gewollt.

Viele Künstler haben die Erzählung über Jahrhunderte hinweg immer wieder dargestellt, oft sehr wirklichkeitsgetreu und düster. Dem Maler dieses Bildes hat die grausame Seite der Geschichte nicht gefallen. Die Angst und die Dramatik, die mit diesem Ereignis aus dem Alten Testament verbunden sind, hat er jedenfalls nicht wiederzugeben versucht. Stattdessen verwendet er helle, freundliche Farben. Auch die Natur ist schön und friedlich. Wir wissen gleich, dass am Ende alles gut sein wird.

Abraham hat seinem Sohn mit einem Strick die Arme auf dem Rücken zusammengebunden. Und dieser kauert auf dem Opferaltar vor einem Holzstoß. Sein Obergewand liegt daneben. Das Gefäß mit dem Feuer steht davor. Alles ist für das Opfer bereit. Isaak, schon groß und stark wie ein Erwachsener, wehrt sich nicht. Der Vater drückt den Sohn leicht, fast wie in einer Umarmung, gegen seinen Oberschenkel. Während Abraham mit dem Dolch in der Hand ausholt, erscheint plötzlich der Engel. Er packt Abraham am Handgelenk. Energisch spricht er auf den alten Mann ein, der sich zu ihm umgedreht hat. Gleichzeitig deutet der Engel zum Himmel. Jetzt weiß Abraham, dass er von seiner Qual erlöst ist.

Wer war aber der Engel in der Geschichte? Im Text der Bibel heißt es, ein Engel Gottes rief Abraham zu. Aber dieser Engel sagt: »Du hast mir deinen einzigen Sohn nicht vorenthalten.« Das kann doch nur Gott selbst sagen. Nach dem Bericht der Bibel hat Abraham auch keinen Engel gesehen, ihn nur gehört. Manchmal haben wohl die Menschen selbst nicht gewusst, dachte Laurentius, ob sie einem Boten Gottes, einem Engel oder Gott begegnet sind.

Die beiden Knechte mit dem Esel unterhalten sich auf dem Bild, so als ob nichts geschehen wäre. Ob sie überhaupt etwas bemerkt haben?

Weil du das getan hast und deinen einzigen Sohn mir nicht vorenthalten hast, will ich dir Segen schenken in Fülle und deine Nachkommen zahlreich machen wie die Sterne am Himmel und den Sand am Meeresstrand.

(Genesis 22, 16–17)

Jakob träumt von einer Leiter bis zum Himmel

»Der Traum Jakobs von der Himmelsleiter« — unbekannter französischer Meister, um 1490

Jakob wurde zusammen mit seinem Zwillingsbruder Esau als Sohn von Isaak geboren. Esau war der Erstgeborene. Da Jakob neidisch war und gerne selbst zuerst auf die Welt gekommen wäre, handelte er eines Tages Esau dessen Erstgeburtsrecht ab. Jakob arbeitete oft im Zelt und half beim Kochen. Einmal hatte er gerade ein Linsengericht bereitet. Das war das Lieblingsessen von Esau. Als dieser nun voll Hunger von der Jagd zurückkam, ließ ihn Jakob nur unter der Bedingung davon essen, dass er, Jakob, Esaus Erstgeburtsrecht bekäme.

Später betrog Jakob den Vater und den Bruder sogar. Mit Hilfe der Mutter erschlich er sich durch eine Täuschung den Segen des Vaters, der nur einem Erstgeborenen zustand. Das geschah so: Als Isaak, alt und blind, den Tod nahen fühlte, wollte er Esau segnen. Doch Jakob verkleidete sich und gab sich als Esau aus. Der blinde Isaak durchschaute das nicht. So erhielt Jakob den Erstgeburtssegen, der eigentlich seinem Bruder zustand. Esau war darüber so wütend, dass Jakob um sein Leben fürchten musste. Auf den Rat der Mutter hin floh er. Jakob beschloss, zu seinem Onkel Laban, einem Bruder der Mutter, zu ziehen.

Auf dem Weg dorthin legte er sich in einer fremden, einsamen Gegend am Abend einen Stein unter seinen Kopf, um zu schlafen. Da hatte Jakob einen Traum: Er sah eine lange Leiter, die Erde und Himmel verband. Auf ihr stiegen Engel auf und ab und darüber war Gott selbst und sagte Jakob zu, immer mit ihm zu sein und ihn zu schützen. Jakob konnte das kaum glauben, da er doch so betrügerisch gehandelt hatte, und er gelobte Gott den Bau eines Gotteshauses. Gleichzeitig versprach er, immer den zehnten Teil von allem zu opfern, was er verdienen würde.

Den Kopf auf den Stein gestützt ruht Jakob auf dem harten Boden. Ein mächtiger Fels schützt ihn. Oder hat dieser Fels nicht auch etwas Bedrohendes? Schläft Jakob eigentlich? Er hält seinen Wanderstock ganz fest und die Stiefel hat er auch nicht abgelegt. Jakob hat wohl Angst. So kann er jederzeit aufspringen und weglaufen. Es ist nicht sehr gemütlich hier, wo Jakob schläft. Das letzte Dorf mit einer Kirche liegt weit zurück im Hintergrund. Doch mitten in der Landschaft erscheint eine hohe Leiter. Auf ihr klettern Engel nach oben. Oder kommen sie herunter? Sie haben Flügel, dennoch brauchen sie eine Leiter, um hinauf und hinunter zu gelangen. Hat der Maler da nicht aufgepasst? In Jakobs Traum hatten die Engel wohl keine Flügel, denn die Menschen in der biblischen Zeit stellten sich die Engel nur selten geflügelt vor. Deshalb brauchten sie auch eine Leiter.

Am Ende dieser Leiter sehen wir in einem Wolkenkranz Gottvater. Er hat seine Hand erhoben und segnet Jakob. Die Leiter reicht durchs ganze Bild und verbindet so Gottvater mit Jakob. Dieser weiß nun, dass Gott die Verbindung zu ihm nicht hat abreißen lassen, obwohl er schlecht gehandelt hat.

Der Maler hat eine Kirche gemalt. Die gab es zu Jakobs Zeiten natürlich noch gar nicht. Der Maler wusste sicher nicht, wie es im alten Israel ausgesehen hat. Aber mit der Kirche konnte er etwas zeigen, was den Menschen beim Anschauen des Bildes vertraut war. Eine Gegend weit weg von einem schützenden Dorf mit einer Kirche war gefährlich und einsam. Zumindest für die Menschen vor mehr als fünfhundert Jahren, als das Bild gemalt wurde.

Ich bin der Herr, der Gott deines Vaters Abraham und der Gott Isaaks.
Das Land, auf dem du liegst, will ich dir und deinen Nachkommen geben.

(Genesis 28, 13)

Jakob kämpft mit einem Engel

»Jakobs Kampf mit dem Engel« *Eugène Delacroix, 1850–1861*

Auf einer seiner Reisen ging Laurentius am Sonntag in die Kirche. Die Orgel spielte, die Menschen sangen, Kerzen strahlten und die Gewänder des Priesters und der Ministranten leuchteten. Die Bilder und Statuen und der Blumenschmuck – alles war so feierlich. Laurentius war überwältigt. Und dann entdeckte er nach der Messe in einer Kapelle ein Engelbild:

Jakob hatte noch eine Begegnung mit einem Engel. Nach vielen Jahren bei seinem Onkel kehrte er zu seinem Bruder in die alte Heimat zurück. Er wollte um Verzeihung bitten. Jakob war nun reich und hatte Rahel und Lea geheiratet. Damals hatten Männer oft mehrere Frauen, um viele Nachkommen zeugen zu können. Mit seinen beiden Frauen, allen Kindern, Mägden und Knechten und mit seinen Schafen, Ziegen, Rindern, Kamelen und Eseln machte sich Jakob auf den Weg. Zu Esau schickte er Boten voraus. Doch als diese zurückkehrten und berichtete, dass Esau ihm mit vielen Männern entgegenreite, bekam Jakob Angst. Er verteilte seine Leute und seine Tiere auf zwei Lager. So bliebe wenigstens eines verschont, wenn Esau sie mit seinen Männern überfiel. Dann führte er sie durch eine Furt über den Fluss Jabbok. Außerdem schickte er eine kleine Herde als Geschenk voraus zu Esau.

Jakob selbst blieb in dieser Nacht allein auf der anderen Seite des Flusses zurück. Er war unruhig und voller Zweifel. Da kam ein Mann und fing an, mit Jakob zu kämpfen, aber Jakob ließ ihn nicht los. So rangen sie bis zum Morgen. Da sagte der Mann: »Lass mich los!« Doch Jakob antwortete: »Ich lasse dich nicht, bis du mich gesegnet hast.« Nun wollte der Mann von Jakob wissen, wie er heiße, dann sagte er: »Von nun an sollst du nicht mehr Jakob, sondern Israel heißen, das bedeutet Gottesstreiter, denn du hast dich Gott gegenüber als stark erwiesen.« Als Jakob wissen wollte, wer sein Gegner war, segnete ihn dieser. Danach war er plötzlich verschwunden.

Da verstand Jakob, dass er mit Gott oder einem seiner Engel gerungen hatte. Weil der Engel Jakob im Kampf aber die Hüfte ausgerenkt hatte und Jakob nun hinkte, aßen die Israeliten zur Erinnerung daran nicht mehr die Hüftsehne der Tiere. Und das gilt auch heute noch für gläubige Juden. Als Esau am nächsten Tag mit Jakob zusammentraf, fielen sich die beiden Brüder nach der langen Trennung in die Arme und versöhnten sich.

Auf dem Bild in der Kapelle siehst du in einem üppigen Wald mit mächtigen Bäumen, wie Jakob seine Waffen, Mantel und Hut abgelegt hat. Mit aller Kraft ringt er mit einem Engel. Er stemmt sich gegen ihn und spannt die Muskeln an. Wie ruhig und gelassen wirkt dagegen der Engel. Und damit wir wissen, dass es ein Engel ist, gab ihm der Maler mächtige Flügel.

Rechts neben den Kämpfenden und im Hintergrund sehen wir noch die Knechte Jakobs, die seine Herden durch die Furt des Flusses Jabok treiben. Aus der Tiefe des Bildes dringt das Morgenlicht. Die Farben und die Formen in diesem Wandbild sind ganz bewegt und leidenschaftlich. Tatsächlich war der Künstler, der französische Maler Eugène Delacroix, sehr krank, als er an diesem Werk arbeitete. So dauerte es über zehn Jahre, bis es fertig wurde.

Was bedeutet der Kampf Jakobs mit dem Engel? Oder war es Gott selbst? Auch in dieser Erzählung der Bibel bleibt vieles geheimnisvoll. Es soll uns wohl vor allem gezeigt werden, wie sehr sich Jakob angestrengt hat, Gott zu erkennen, sich Gott zu nähern und von Gott gesegnet zu werden. Er selbst sagte über dieses Ereignis: »Ich habe Gott von Angesicht zu Angesicht geschaut und habe mein Leben gerettet.«

Ich habe Gott von Angesicht zu Angesicht gesehen und bin doch mit dem Leben davon gekommen.

(Genesis 32, 31)

Ein Engel geht durch Ägypten

»Die Israeliten essen das Osterlamm« Marc Chagall, 1931

Viel später, als die Nachkommen Jakobs, das Volk der Israeliten, in Ägypten als Sklaven vom Pharao unterdrückt wurden, erstand ihnen in Mose ein neuer Anführer. Mose erhielt von Gott den Auftrag, sein Volk aus Ägypten hinauszuführen. Der Pharao ließ dies jedoch nicht zu. Da schickte Gott neun schreckliche Plagen: Das Wasser wurde zu Blut, das ganze Land wurde bis in den letzten Winkel von Fröschen heimgesucht, Millionen von Stechmücken fielen über Menschen und Tiere her, dann Bremsen. Als auch dies nichts half, ließ eine schlimme Seuche das Vieh verenden, anschließend bekamen alle Geschöpfe eitrige Geschwüre, ein gewaltiger Hagel verwüstete das Land, Heuschrecken fraßen die Erde kahl und drei Tage herrschte ununterbrochen Finsternis. Doch die Ägypter gaben nicht nach. Da sandte Gott noch eine zehnte Plage. Er kündigte an, dass er jede männliche Erstgeburt von Mensch und Tier töten werde. Nur die Israeliten sollten verschont werden, wenn sie in dieser Nacht ein Lamm mit bitteren Kräutern und ungesäuerten Broten äßen und das Blut des Lammes als Schutzzeichen an die Türpfosten strichen. Gott befahl den Israeliten aber auch, zur Erinnerung daran jedes Jahr einen Gedenktag zu feiern.

In dieser Nacht zog der Würgeengel durch Ägypten und tötete jede Erstgeburt von den Ägyptern und ihren Tieren. Nur die Israeliten rührte er nicht an. Nach diesem fürchterlichen Ereignis ließ der Pharao sie endlich ziehen und die Israeliten machten sich auf den Weg in das verheißene Land.

Grau und düster war die Welt in jener Nacht, als der Engel alle Erstgeborenen der Ägypter tötete. Hier sehen wir Israeliten in einem Haus versammelt. Sie essen das Paschalamm, wie Gott es ihnen befohlen hatte. Der Maler Marc Chagall hat das Haus und die Menschen freilich nicht so gemalt, wie es vor mehr als dreitausend Jahren gewesen sein könnte. Hier sieht alles ein bisschen so aus wie bei den Ostjuden zuhause in der russischen Heimat Marc Chagalls. Die Männer haben einen schwarzen Kaftan an und sitzen um einen weiß gedeckten Tisch. Über dem Dach schwebt der Würgeengel. Doch er sieht freundlich aus, denn dieses Haus wird er verschonen. In ihm sind Kinder Israels versammelt. Das Schwert hat er fast wie zum Gruß erhoben. Im Hintergrund aber liegen die Toten dieser schrecklichen Nacht.

Der Gedenktag an dieses Geschehen, das den Auszug der Kinder Israels aus Ägypten einleitete, ist das jüdische Paschafest (Pesach). An ihm wird auch heute noch ein Lamm mit Bitterkräutern und ungesäuertes Brot (Matzen) gegessen.

Diesen Tag sollt ihr als Gedenktag begehen. Feiert ihn als Fest zur Ehre des Herrn! Für die kommenden Generationen macht euch diese Feier zur festen Regel.

(Exodus 12, 14)

Bileam und seine Eselin

»Der Prophet Bileam« *Rembrandt, 1626*

Die bisher erzählten Geschichten aus dem Alten Testament kannte Laurentius schon. Er entdeckte aber auch Engelgeschichten, von denen er vorher nichts gewusst hatte:

Als die Israeliten später auf dem langen Weg von Ägypten in das gelobte Land in eine Gegend namens Moab kamen, hatte der dortige König große Angst vor ihnen. Die Israeliten waren zu einem gewaltigen Volk geworden. So schickte der König von Moab Männer zu einem Propheten namens Bileam. Er wollte ihn zu sich rufen, damit er dieses fremde Volk verfluche. Doch Gott sprach zu Bileam, dass er nicht zum König ziehen dürfe, denn das Volk der Israeliten sei ein gesegnetes. Als der König zum zweiten Mal Boten schickte, fragte Bileam wieder Gott. Diesmal ließ er ihn ziehen, doch durfte Bileam nur tun, was Gott ihm befahl.

Unterwegs schickte Gott einen Engel, damit er sich Bileam, der auf einer Eselin ritt, in den Weg stelle. Die Eselin sah den Engel mit seinem Schwert und ging vom Weg ab ins Feld. Aber Bileam bemerkte nichts von dem Engel. Er wurde wütend und schlug mit einem Stock auf seine Eselin ein. Noch zweimal stellte sich der Engel als Hinderer Bileam in den Weg, doch dieser schlug wieder seine Eselin, da er den Engel nicht sah. Da sagte die Eselin zu Bileam: »Was habe ich dir getan, dass du mich schon dreimal geschlagen hast?«

Bileam hätte seine widerspenstige Eselin am liebsten getötet. Doch dann sah auch er plötzlich den Engel. Nun reute es Bileam, dass er sein Reittier geschlagen hatte. Der Engel trug ihm nochmals auf, dass er nur das sagen dürfe, was Gott ihm in den Mund lege. Erst danach konnten Bileam und seine Begleiter weiterziehen. Und als er im Lande Moab ankam, verfluchte Bileam die Israeliten nicht, wie es der König gewollt hatte, sondern er segnete sie. »Sieh, welch ein Volk – steht auf, einer Löwin gleich! Jakob, wie schön sind deine Zelte, wie schön deine Wohnstätten, Israel! Wer dich segnet, hat selber Segen, Fluch aber dem, der dich verflucht!«

Bileam ist schon alt. Sein Bart und seine Haare sind weiß. Das Gehen fällt ihm schwer. So reitet er auf seiner Eselin zum König. Bileam hat sich prächtig angezogen und einen hohen Turban aufgesetzt. Vor einem König erscheint man nicht in Alltagskleidung. Auch eine mit weisen Schriften vollgestopfte Tasche hat er mitgenommen. Doch das störrische Tier ist in die Knie gegangen und geht nicht weiter.

Deshalb schlägt Bileam wutentbrannt mit einem Stock auf sein Reittier ein. Die Diener und die Gesandten des Königs hinter Bileam schauen ziemlich unbeteiligt und verständnislos. Die geschundene Eselin wendet sich zu Bileam und fängt auf einmal zu sprechen an. Bileam aber, so wie er hier im Bild gemalt ist, hat noch nichts verstanden.

Nur die Eselin und wir sehen den Engel, der mit seinem Schwert Bileam den Weg versperrt. In einer mächtigen Wolke ist er aufgetaucht, die sogar den Berg dahinter halb verdeckt. Dieser Engel ist ein Hinderer. Bileam soll nicht einfach zum König ziehen, sondern wissen, dass er den Befehlen Gottes gehorchen muss.

Propheten waren fromme Männer, die von Gott beauftragt wurden, seine Botschaft zu verkünden und sich für Gerechtigkeit und das Gute einzusetzen. Immer wieder, wenn das Volk Israel in Not war, aber auch wenn es sich von Gott, seinem Herrn, abwandte, schickte Gott große Propheten.

Nun öffnete der Herr dem Bileam die Augen, und er sah den Engel des Herrn auf dem Weg stehen, mit dem gezückten Schwert in der Hand.

(Numeri 22, 31)

Das Opfer Manoahs

»Das Opfer des Manoah« Rembrandt Nachfolger, um 1650

Zu der Zeit, als die Israeliten von den Philistern unterdrückt wurden, lebte unter ihnen ein Mann namens Manoah. Er hatte eine Frau, doch sie hatten keine Kinder. Eines Tages erschien der Frau ein Bote Gottes und sprach zu ihr: »Du sollst keinen Wein mehr trinken und kein Bier und nichts essen, was nach dem Gesetz nicht erlaubt ist, denn du wirst einen Sohn bekommen und dieser wird Israel aus der Hand der Philister retten.« Danach gab er ihr Anweisungen, was sie mit dem Kind machen sollte. Die Frau fürchtete sich und erzählte alles ihrem Mann.

Manoah aber wollte es genauer wissen und bat Gott, er möge den Boten noch einmal schicken. Da kam der Engel ein zweites Mal. Die Frau arbeitete gerade auf dem Feld. Schnell holte sie ihren Mann. Der Engel erklärte nun auch ihm, wie sie ihr Kind aufziehen sollten. Manoah dachte jedoch, das sei ein fremder Mann, und lud ihn zum Dank für seine Botschaft zum Essen ein. Der Engel aber wollte nichts essen. Er riet Manoah, das Lamm stattdessen Gott zu opfern. So bereiteten Manoah und seine Frau auf einem Felsen ein Brandopfer zur Ehre Gottes. Da sahen sie plötzlich, wie mit den Flammen und dem Rauch des Opfers auch der Bote des Herrn zum Himmel emporstieg. Jetzt erst verstanden Manoah und seine Frau, dass ein Engel Gottes zu ihnen gesprochen hatte. Manoah aber begann sich zu fürchten, denn er dachte, sie müssten nun sterben, weil sie Gott selbst begegnet waren. Seine Frau aber beruhigte ihn, denn sie vertraute auf die Weissagung. Den Sohn, den die Frau später gebar, nannten sie Simson, das heißt Glänzender, Starker.

Der Maler dieses Bildes hat von der Überraschung oder der Angst des alten Paares nichts gezeigt. Voll Vertrauen und Hingabe kniet die Frau Manoahs betend vor dem Opferfeuer. Sie ist in einen kostbaren Umhang in leuchtendem Rot gehüllt und mit Perlen geschmückt. Ihr Kopf ist geneigt, ihre Hände sind gefaltet. Dankbar und demütig hat sie die Botschaft aufgenommen, dass sie ein Kind bekommen soll. Auch ihr Mann kniet vor dem Altar und faltet die Hände. Er wirkt aber etwas unsicher und schwankend. Er kniet auch nur auf einem Bein und neigt sich weit zu seiner Frau hinüber. Ob er noch Zweifel hat? Doch auch er ist voller Andacht.

Auf beide fällt das Licht. Der Opferaltar vorne und das Bauwerk im Hintergrund sind nicht so wichtig wie das Erleben der beiden Menschen.

Doch wie ist das mit dem Engel? Er sieht aus wie ein gewöhnlicher Mann. Er ist altmodisch in ein langes weißes Hemd gehüllt und hat keine Flügel. Merkwürdig ist nur, dass er sich in der Luft befindet. Und er sieht auch nicht so wirklich aus wie die beiden betenden Menschen. Und die schauen nicht zu ihm hin. Ob der Maler zeigen wollte, dass das, worauf es ankommt, nicht das Wunder, sondern das innere Verstehen der beiden Menschen ist?

Dieses Gemälde ist signiert. Das heißt, dass der Name des Künstlers und oft auch das Jahr der Entstehung auf dem Bild stehen – hier Rembrandt und das Jahr 1641. Aber viele Forscher glauben, dass das eine Fälschung ist. Das Bild soll nicht von Rembrandt selbst, sondern von einem seiner Nachfolger gemalt worden sein, der vielleicht den Namen des Meisters benützte, um einen höheren Preis zu bekommen. Vielleicht hat die Inschrift aber auch erst ein Sammler aus späterer Zeit anbringen lassen.

Aber der Engel des Herrn sagte zu Manoah: Auch wenn du mich einlädst, werde ich von deinem Mal nichts essen. Wenn du aber ein Brandopfer herrichten willst, bring es dem Herrn dar! (Richter 13, 16)

Elia in der Wüste

»Elias Speisung durch einen Engel« *Dirck Bouts, 1464–68*

Später lebte wieder ein großer Prophet in Israel. Er hieß Elia und kämpfte gegen die Verehrung vieler Götter. Denn er wollte das vom Herrn abgefallene Volk der Israeliten wieder zu Gott zurückführen. Doch der König hatte eine Frau, die aus einem anderen Land kam und an den vielen Göttern ihrer alten Heimat, vor allem Baal, festhielt. Die Propheten Gottes aber ließ sie verfolgen und umbringen. Auch Elia trachtete sie nach dem Leben. Gott riet ihm deshalb, sich an einem Bachlauf zu verbergen, und schickte ihm jeden Morgen einen Raben, der ihm ein Brot brachte.

Da kam eine große Dürreperiode über das Land. Nun sandte Gott Elia zum König zurück. Elia wollte dem König und seinem Volk zeigen, wer der wahre Gott ist. So wurden zwei Stiere als Opfertiere geschlachtet. Die Baalspriester sollten Baal um Feuer für das Opfer bitten und Elia wollte Gott darum bitten. Einen ganzen Tag lang beteten die Baalspriester, doch kein Feuer kam vom Himmel. Als jedoch Elia sein Opfer bereitet hatte und Gott um Feuer bat, fuhr sogleich ein Blitz vom Himmel und verzehrte alles. Da wussten die Israeliten, wer der wahre Herr ist. Und noch am selben Tag kam der erlösende Regen. Die Frau des Königs aber wurde darüber zornig. Aus Angst vor ihr floh Elia in die Wüste.

Nach einem langen Marsch setzte er sich erschöpft unter einen Ginsterstrauch. Elia war schon alt und müde und wollte sterben. Er schlief ein. Da berührte ihn ein Engel Gottes und gab ihm Brot und Wasser. Und noch ein zweites Mal kam der Engel, um ihm Essen zu bringen, und sagte zu Elia: »Steh auf und geh zum Gottesberg Horeb.«

Gestärkt von der Speise des Engels machte sich Elia wieder auf den Weg. Er musste sehr weit gehen. Auf dem Berg aber begegnete ihm Gott der Herr. Erst kam ein Sturm, aber Gott war nicht in ihm. Dann kamen ein Erdbeben und ein gewaltiges Feuer. Auch in diesen war Gott nicht. Doch dann folgte ein sanfter Wind, darin offenbarte sich Gott seinem Propheten. Der Herr forderte Elia auf, wieder ins Land Israel zurückzukehren und Elischa zu seinem Nachfolger als Prophet zu berufen. Nun wusste Elia, dass er nicht allein war und in Frieden würde sterben können.

An einer Wegbiegung hat sich Elia zur Ruhe gelegt. Erschöpft stützt er mit der Hand seinen Kopf. Den roten Mantel hat er fest um sich gezogen. Der Wanderstock liegt auf dem Weg daneben. Elia ist müde und schläft. Da tritt ein Engel heran. Ganz sanft berührt er Elia an der Schulter – er soll doch nicht erschrecken. Der Engel hat Elia auch einen Becher mit Wasser und ein Brot hingestellt. Wir wissen, dass er nun Elia auffordern wird, zum Gottesberg Horeb zu gehen. Und tatsächlich sehen wir Elia rechts im Hintergrund, wie er dorthin aufgebrochen ist.

Die Bibel erzählt, dass sich dies alles in einer Wüste abspielte. Der Maler des Bildes, der vor mehr als fünfhundert Jahren in Löwen im heutigen Belgien lebte, hat aber nie eine richtige Wüste gesehen. So malte er eine einsame, aber doch mit Bäumen, Büschen, Gras und sogar mit Blumen bewachsene Landschaft.

Elia ist barfuss, aber er hat über seinem langen Gewand einen vornehmen roten Mantel an. Das hat sich der Maler nicht nur so ausgedacht. Sehr oft wurden Propheten, die ja von Gott auserwählte Menschen waren, mit bloßen Füßen dargestellt. Damit wollten die Maler zeigen, dass diese Propheten aus dem einfachen Volk stammten. Das prächtige, vornehme Gewand aber sollte darauf hinweisen, dass Propheten häufig Berater von Königen wurden. Auch der Prophet Bileam mit seiner Eselin ist so dargestellt worden.

Da stand er auf, aß und trank und wanderte, durch diese Speise gestärkt, vierzig Tage und vierzig Nächte bis zum Gottesberg Horeb.

(1 Könige 19, 8)

Die beiden kamen auf ihrer Reise abends an den Tigris, wo sie übernachteten. Als der junge Tobias im Fluss baden wollte, schoss ein Fisch aus dem Wasser hoch und wollte ihn verschlingen. Der Engel rief Tobias zu: Pack ihn! Da packte der junge Mann zu und warf den Fisch ans Ufer. Und der Engel sagte zu Tobias: Schneide den Fisch auf, nimm Herz, Leber und Galle heraus und bewahre sie gut auf! Der junge Tobias tat, was ihm der Engel sagte. Dann brieten sie den Fisch und aßen ihn.

(Tobit 6, 1–5)

Raphael und Tobias

»Tobias und der Engel« *Adam Elsheimer, um 1607/08*

Erzählt die Bibel auch vom Schutzengel? Laurentius fand ein ganzes Buch darüber!

Ein ganz besonderer Schutzengel begleitete einst einen jungen Mann namens Tobias. Dieser hatte einen blinden Vater. Deshalb sollte der Sohn für ihn Geld aus einem fernen Land holen, das jener dort früher, als er noch sehen konnte und Kaufmann war, hinterlegt hatte. Tobias suchte einen Begleiter für die weite Reise und fand ihn im Erzengel Raphael. Doch Tobias wusste nicht, dass das ein Engel war. Er hielt ihn für einen gewöhnlichen Menschen.

Zusammen mit dem kleinen Hund von Tobias machten sich die beiden auf die weite Reise. Raphael kannte den Weg. Raphael half Tobias einen Fisch zu fangen, dessen Herz und Leber ihnen später zum Vertreiben eines Dämons dienten und dessen Galle zu einer Heilsalbe für den blinden Vater wurde. Raphael fand für Tobias auch eine junge Frau namens Sara. Doch ein Dämon bewachte die Frau. Da vertrieb ihn Tobias mit dem Herzen und der Leber des Fisches, die er auf Räucherkohle legte. So konnte er mit Sara Hochzeit feiern. Raphael holte in der Zwischenzeit sogar das Geld für Tobias. Nach der Rückkehr heilte Tobias mit Hilfe des Engels den blinden Vater, so dass dieser wieder sehen konnte.

Als Tobias und sein Vater nun Raphael reich belohnen wollten, segnete der die beiden und sagte: »Fürchtet euch nicht! Friede sei mit euch! Preist Gott alle Tage, denn ihm gebührt jeder Lobgesang. Ich bin Raphael, einer von den sieben Engeln, die allezeit bereitstehen, vor die Herrlichkeit des Herrn hinzutreten.« Dann erhob sich Raphael und Tobias und sein Vater sahen ihn nicht mehr.

Hier begleiten wir Tobias und Raphael auf ihrer Wanderschaft. Tobias sieht allerdings eher wie ein Kind aus, nicht wie ein junger Erwachsener. Er schleppt einen großen Fisch. Raphael hatte ihm ja aufgetragen, diesen zu fangen, weil er wusste, dass ihnen die Innereien als Heilmittel dienen würden. Mühsam kämpft sich Tobias mit seinem Wanderstock vorwärts über eine Furt. Zum Glück hat Raphael ihn am Arm gefasst und hilft dem Erschöpften. Hinter den beiden bellt das Hündchen von Tobias am Ufer. Ob es wohl Angst hat, ins Wasser zu steigen?

In der Tiefe des Bildes breitet sich wie schützend eine Waldlandschaft aus. Sie spiegelt sich ebenso wie die Menschen, die mit ihren Herden vorbeiziehen, im Wasser wieder. Alles ist ruhig und still.

Der hebräische Name Raphael bedeutet »Gott heilt«.

Das Buch Tobit in der Bibel, in dem die Geschichte von Tobias steht, erzählt uns von der Geborgenheit, Sicherheit und Hilfe, die ein Engel einem Menschen geben kann. Wer wünscht sich nicht so einen Schutzengel!

Die drei Jünglinge im

»Jünglinge im Feuerofen« *Jacob Willemsz. de Wet, 17. Jh.*

Und noch eine Geschichte von einem schützenden Engel fand Laurentius. Es gab eine Zeit, da lebte das Volk Israel in Babylon in Gefangenschaft, und die Stadt Jerusalem lag in Trümmern. Denn der König von Babylon hatte Jerusalem zerstört und viele der Bewohner als Gefangene in sein Reich mitgenommen. Einige von ihnen ließ er auch ausbilden um sie in seine Dienste zu nehmen. Damals wurde in Babylon ein großes goldenes Götterbild errichtet. Zur Einweihung lud der König seine Statthalter und Beamten, Verwalter, Gelehrten, Ratgeber und Schatzmeister aus dem ganzen Reich ein. Alle mussten vor dem Standbild niederfallen und es anbeten. Wer das nicht machte, sollte in einen brennenden Ofen geworfen werden. Drei junge jüdische Verwalter aber weigerten sich, dies zu tun. Sie wollten keinen Götzen, sondern nur Gott verehren, und beteten so das goldene Standbild nicht an. Darüber geriet der König in Wut. Er forderte die drei Jünglinge nochmals auf, vor dem Standbild niederzufallen und es anzubeten, doch sie blieben standhaft. Deshalb ließ sie der König binden und in den Feuerofen werfen.

Als die Jünglinge dem König Nebukadnezar sagten, Gott werde ihnen beistehen und sie aus seiner Macht befreien, befahl er voll Zorn, den Ofen siebenmal stärker zu heizen als sonst. Dann wurden sie mitten in den brennenden Ofen geworfen. Dort wanderten die Männer jedoch in den Flammen umher und rühmten Gott: »Gepriesen und gelobt bist du, o Herr, du Gott unserer Väter, und herrlich ist dein Name in alle Ewigkeit.« Als der König kam, um nachzusehen, was aus den drei Männern geworden war, erschrak er sehr. Denn es waren auf einmal vier Männer im Ofen und das gewaltige Feuer und die Hitze konnten ihnen nichts anhaben. Der vierte unter ihnen aber sah aus wie ein Engel. Da ließ Nebukadnezar die drei Jünglinge aus dem Ofen holen. Der Engel aber war verschwunden. Nach diesem Erlebnis pries auch der König Gott, der zur Errettung seiner treuen Diener einen Himmelsboten gesandt hatte.

Feuerofen

Hier siehst du das riesige, goldene Götterbild, das der König hatte errichten lassen. Viele Menschen knien davor und beten es an. Der König selbst mit seinem langen Zepter kommt gerade aus dem Palast. Prächtig ist er gekleidet und Diener tragen seine Schleppe. Er schaut wie die Menschen im Vordergrund des Bildes ganz gebannt zu dem gewaltigen Feuer. Die Näherstehenden und vor allem jene, die das Feuer schüren müssen, können die Gluthitze kaum ertragen. Einer von ihnen ist sogar umgefallen. Doch welch ein Wunder – mitten in diesem Flammenmeer stehen die drei Jünglinge und hinter ihnen der schützende Engel mit weit ausgebreiteten Flügeln. Die gewaltige Hitze und die Glut können ihnen nichts anhaben.

Der starke Glaube der jungen Männer hatte ihnen den Beistand Gottes gesichert.

Preist den Herrn, all ihr Werke des Herrn; lobt und rühmt ihn in Ewigkeit! Preist den Herrn, ihr Himmel; lobt und rühmt ihn in Ewigkeit! Preist den Herrn, ihr Engel des Herrn; lobt und rühmt ihn in Ewigkeit!

(Daniel 3, 57–59)

«Daniel in der Löwengrube» *Jacopo Guarana, 1757*

Daniel in der Löwengrube

Auch der Prophet Daniel lebte zur Zeit der Gefangenschaft des Volkes Israel in Babylon. Da er Träume deuten konnte, wurde er ein angesehener Berater am Hof des Königs. Daniel hatte aber auch Neider, die ihm Übles antun wollten. Sie wussten, dass Daniel ein gläubiger Mann war und täglich zu Gott betete. Darum brachten sie den König dazu, ein Gesetz zu erlassen, dass niemand eine Bitte an Gott oder einen der heidnischen Götter richten dürfe, sondern nur an den König. Ansonsten würde er in eine Löwengrube geworfen. Daniel aber richtete weiter seine Gebete an Gott. Die Männer meldeten dies dem König. Dem war das gar nicht recht, denn er schätzte Daniel. Weil er aber sein eigenes Gesetz nicht umstoßen durfte, musste er Daniel in eine Löwengrube mit sieben hungrigen Löwen werfen. Zum Abschied sagte er noch zu Daniel: »Dein Gott wird dich erretten.«

Daniel blieb sechs Tage in der Grube, und die Löwen fraßen ihn nicht auf. Damit Daniel nicht vor Hunger sterben musste, schickte Gott einen Engel in das Land Juda zu einem Propheten namens Habakuk. Dieser hatte gerade ein Mahl bereitet und wollte es in einem Korb den Arbeitern auf den Feldern bringen. Da nahm der Engel Habakuk mit seinem Korb, hob ihn in die Lüfte und setzte ihn bei Daniel am Rand der Löwengrube ab. Hier rief Habakuk laut: »Daniel, Daniel, nimm das Mahl, das Gott dir schickt!« Daniel stand auf und aß. Der Engel aber brachte Habakuk zurück in sein Land. Am siebten Tag kam der König zur Löwengrube, um Daniel zu betrauern. Als er ihn lebend und unversehrt wiederfand, freute sich der König sehr. Er ließ Daniel herausziehen. Dann lobte er Gott: »Groß bist du, Herr, Gott Daniels, es gibt keinen außer dir!«

Daniel sitzt in einer gemauerten Grube auf einer Steinbank mitten unter den Löwen. Der vorderste von ihnen hat seine Pranke erhoben. Angst scheint Daniel aber keine zu haben. Da kommt Habakuk durch die Luft geflogen. Der Engel hat den Propheten an einem Haarbüschel gepackt und ist so mit ihm den weiten Weg von Jerusalem nach Babylon gekommen. Die Gewänder flattern noch. Habakuk hält den vollen Essenskorb in seiner Hand. Ob es wohl herausduftet? Daniel blickt fragend zum Propheten und deutet zugleich in die Grube. Habakuk aber deutet mit seiner Linken zum Himmel, denn die wunderbare Rettung kommt von Gott.

Die wunderbare Errettung Daniels aus der Löwengrube haben die Christen viele Jahrhunderte lang als hoffnungsvolles Sinnbild der Befreiung aus Not und Bedrängnis gesehen und deshalb gerne dargestellt.

Da sagte Daniel: Gott, du hast also an mich gedacht; du lässt die nicht im Stich, die dich lieben. Dann stand Daniel auf und aß. Den Habakuk aber versetzte der Engel Gottes sogleich an seinen früheren Ort zurück.

(Daniel 14, 38—39)

Die Vertreibung von Heliodor

»Heliodor wird aus dem Tempel vertrieben« · *Eugène Delacroix, 1850–1861*

Ein anderes Mal fand Laurentius im Alten Testament die Geschichte von Heliodor. Da erinnerte er sich an die beiden Wandbilder mit Jakob und Heliodor, die er auf einer seiner Reisen in einer Kapelle gesehen hatte:

Im Tempel von Jerusalem gab es eine Schatzkammer, in der das Geld von Witwen und Waisenkindern aufbewahrt wurde. Damals, das war ungefähr 180 Jahre bevor Jesus geboren wurde, herrschte der griechisch-syrische König Seleukos über die Juden. Weil er besitzgierig war und das Geld aus dem Tempel haben wollte, schickte er seinen Kanzler Heliodor nach Jerusalem. Als dieser nun das Geld einforderte, gerieten die Bewohner der Stadt in große Aufregung. Sie wollten die Witwen und Waisen schützen und fingen an zu beten. Sie baten Gott, das dem Tempel anvertraute Gut zu bewahren.

Heliodor versuchte nun mit Gewalt, in die Schatzkammer einzudringen. Da erschienen plötzlich zwei strahlende Männer und ein wilder Reiter in goldener Rüstung. Es müssen Engel gewesen sein. Die himmlischen Gesandten überwältigten Heliodor, der dem Tode nahe zu Boden sank. Nun konnte er sich nicht mehr am Schatz vergreifen. Auf einer Bahre musste er hinausgetragen werden. Weil der oberste Priester darum bat, erschienen die himmlischen Männer jedoch noch einmal und machten Heliodor wieder gesund. Er wusste jetzt, dass der Tempel unter dem Schutz Gottes stand. Heliodor bekehrte sich und berichtete alles, was geschehen war, dem König.

Der Tempel von Jerusalem ist ein mächtiger Bau mit dicken Säulen, bunt bemalten Wänden und einer hohen Treppe. Aufgeregt gestikulieren Menschen vor den oberen Hallen. Der Schatz ist weg! Heliodor und seine Männer haben ihn geraubt und sind über die Treppe entkommen. Doch nun ist Heliodor zu Boden gestürzt. Alle Goldgefäße, Ketten und der ganze Schatz liegen verstreut auf der Treppe. Die Begleiter Heliodors sind vor Schrecken außer sich. Sie haben fast alles, was sie weggeschleppt hatten, fallen gelassen. Denn ein Reiter mit goldener Rüstung und goldenen Flügeln ist gekommen, Heliodor für seine frevlerische Tat zu bestrafen. Sein Schimmel hat schon einen Huf auf Heliodors Brust gesetzt. Den roten Mantelumhang und den Helm hat Heliodor verloren. Voll Angst breitet er die Arme aus. Gleichzeitig stürzen zwei kräftige Jünglinge durch die Luft herbei und schlagen mit Rutenbündeln auf Heliodor ein. Auch sie müssen Engel sein, aber ihnen hat der Maler keine Flügel gegeben.

Die Bibel erzählt, dass Heliodor gar nicht bis zum Schatzhaus kam, weil ihn die himmlischen Männer schon vorher daran hinderten. Für den französischen Maler Delacroix war es aber sicher interessanter und aufregender, auch den Schatz zu zeigen. So hat er die Geschichte ein bisschen geändert. Aber auch bei ihm dürfen die Witwen und Waisen durch das Eingreifen Gottes ihren Schatz behalten. Die gewaltsame Entführung der Kostbarkeiten hat ein schnelles Ende gefunden.

Was waren das für Engel? Sie schlugen Heliodor, damit er von seinem bösen Ansinnen abließ! Ob diese Geschichte nur die Wünsche schwacher Menschen ausdrückt und auf diese Weise gar nicht passiert ist? Der Maler hat den Schlagenden jedenfalls keine Flügel gegeben. Er hat wohl auch nicht geglaubt, dass das Engel waren.

Die Juden aber priesen den Herrn, der an seinem Ort so herrlich seine Macht gezeigt hatte; und das Heiligtum, das eben noch voll war von Angst und Verwirrung, war erfüllt von Freude und Jubel; denn der allmächtige Herr hatte sich offenbart.

(2 Makkabäer 3, 30)

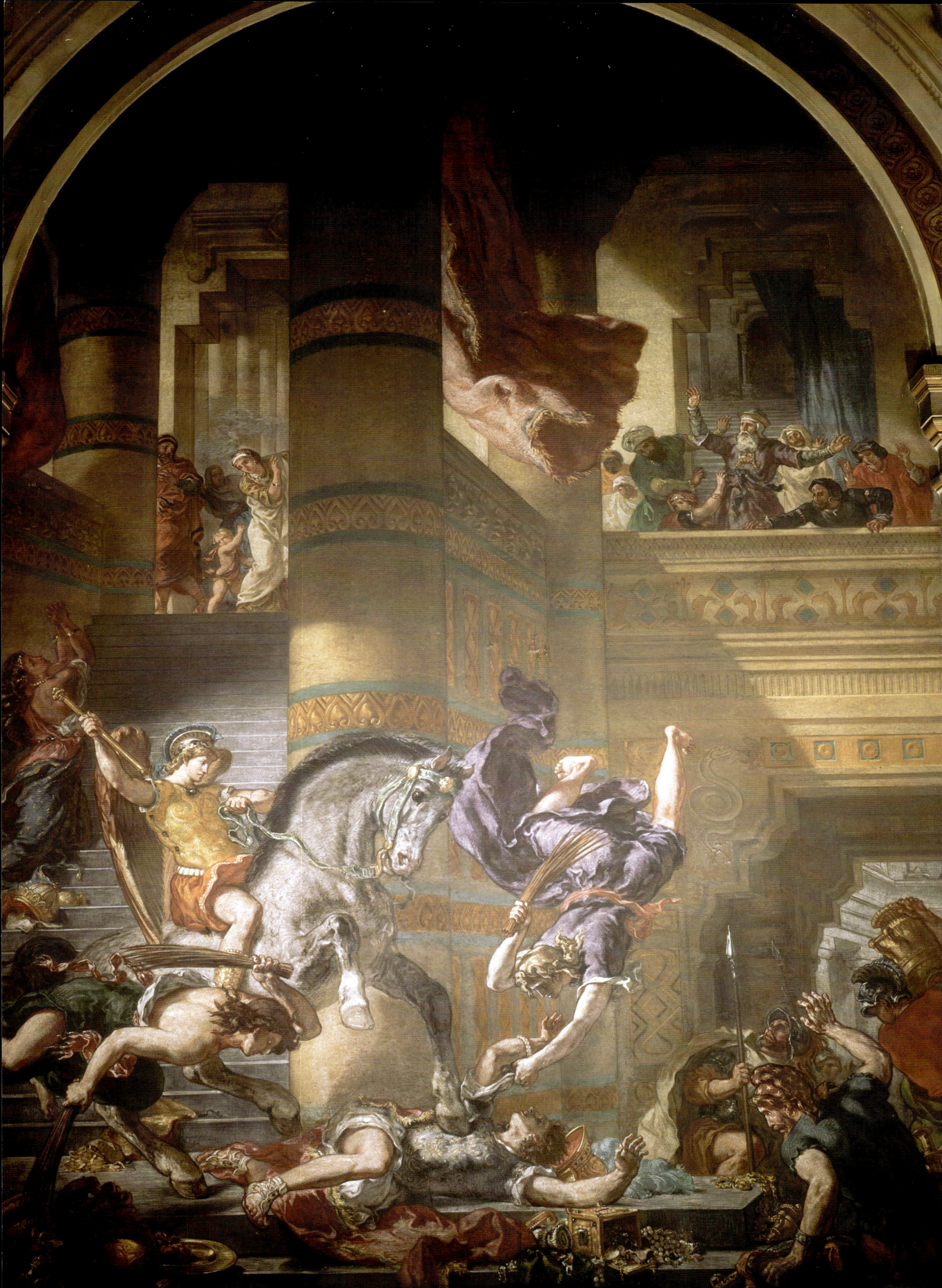

Ein Engel erscheint Zacharias

»Die Verheissung der Geburt des Täufers« Lorenzo und Jacopo Salimbeni, 1416

Im Neuen Testament, das von Jesus erzählt, las Laurentius auch, was sich bei der Geburt des heiligen Johannes des Täufers zugetragen hat:

Zur Zeit von König Herodes lebte in Israel ein Priester namens Zacharias. Seine Frau hieß Elisabeth. Beide waren schon alt. Sie waren traurig, weil sie keine Kinder hatten. Als Zacharias eines Tages im Tempel zu Jerusalem weilte, um das Rauchopfer darzubringen, erschien ihm ein Engel. Es war Gabriel. Zacharias erschrak und fürchtete sich. Da sagte der Engel zu ihm: »Fürchte dich nicht. Dein Gebet ist erhört worden. Deine Frau Elisabeth wird einen Sohn bekommen, dem du den Namen Johannes geben sollst. Dein Sohn wird groß sein vor Gott und viele Menschen zu Gott bekehren. Und er wird dem Herrn, dem Messias, vorangehen und ihm den Weg bereiten.«

Zacharias wollte das nicht glauben. Deshalb machte ihn der Engel stumm bis zu jenem Tag, an dem sich die Weissagung erfüllen würde. Das Volk wunderte sich, dass Zacharias nicht mehr sprechen konnte, aber Elisabeth wurde schwanger und gebar einen Sohn. Als sie ihn nach jüdischem Brauch zur Beschneidung brachten und er seinen Namen erhalten sollte, sagten die Verwandten: »Zacharias, wie sein Vater!« Doch dieser holte ein Schreibtäfelchen und schrieb den Namen Johannes auf. Von diesem Augenblick an konnte er wieder sprechen und pries Gott, seinen Herrn. Das Kind aber wuchs heran und wurde groß und stark. Und es wurde der Wegbereiter für Jesus Christus.

Während er nun zur festgelegten Zeit das Opfer darbrachte, stand das ganze Volk draußen und betete. Da erschien dem Zacharias ein Engel des Herrn. (Lukas 1, 10—11)

Auf diesem Bild schauen wir in den Tempel von Jerusalem. Links vor dem Altar kniet Zacharias. Erschrocken hebt er die Hände, denn vor ihm ist ein Engel erschienen – mitten durch die Wand und strahlend hell. Der Engel bringt Zacharias die Botschaft, dass er und seine Frau einen Sohn bekommen werden und ihm den Namen Johannes geben sollen. Die Menschen im Hintergrund sind ganz geblendet und müssen ihre Augen schützen. Nur einer scheint nichts bemerkt zu haben. Er schaut durch ein Fenster in den anschließenden Raum.

Hier geht die Geschichte weiter. Nach der Geburt von Johannes muss Zacharias den Namen, den sein Sohn bekommen soll, auf eine Schriftrolle schreiben, weil er ja stumm geworden war. Elisabeth und ein Mädchen beobachten Zacharias, die anderen reden wohl über den Namen. Auch von der Empore schauen Neugierige herunter. Einer der Männer beugt sich so weit vor, dass er fast hinunterfällt.

Die grauen, männlichen Bildnisse in den Muscheln auf der Brüstung stellen Propheten des Alten Testaments dar.

Im Judentum ist es Brauch, am achten Tag nach der Geburt bei Knaben die Vorhaut des Gliedes zu beschneiden. Auch im Islam ist dies üblich, oft sogar gleich nach der Geburt.

An manchen Stellen dieses Bildes fehlt die Farbe. Sie ist abgefallen, denn das Bild ist ein Fresko an der Wand einer Kirche und fast 600 Jahre alt.

Die Verkündigung an Joseph

»Der Traum des hl. Joseph« *Anton Raphael Mengs, 1751*

Nachdem der Engel Maria die Geburt von Jesus verkündet hatte und Maria ein Kind erwartete, wollte sich Joseph von Maria trennen. Joseph war zwar mit Maria verlobt, aber sie lebten noch nicht zusammen und hatten noch nicht miteinander geschlafen. Das Kind konnte nicht von ihm sein. Trotzdem wollte Joseph Maria nicht bloßstellen, sondern sie ganz leise wegschicken. Da erschien ihm im Traum ein Engel des Herrn und sagte zu ihm: »Joseph, scheue dich nicht, Maria als deine Frau zu dir zu nehmen. Das Kind, das sie erwartet, ist vom Heiligen Geist. Sie wird einen Sohn gebären und du sollst ihm den Namen Jesus geben. Er wird sein Volk erlösen.« Hierauf tat Joseph, wie ihm der Engel geheißen hatte, und nahm Maria als seine Frau zu sich.

In diesem Bild sitzt Joseph neben einem Tisch. Er hat sich aufgestützt und schläft. Ein Winkeleisen und ein Zimmermannshammer liegen auf dem Boden. Ein an den Tisch gelehntes Zeichenbrett und ein vom Tisch hängendes Blatt Papier – wohl für eine Konstruktionszeichnung – ergänzen die Arbeitsgeräte. Joseph war von Beruf Zimmermann und hat vielleicht, bevor er einschlief, noch überlegt, wie er etwas, ein Dach zum Beispiel, bauen könnte. Nun träumt Joseph, dass ein Engel zu ihm kommt.

Der Maler dieses Bildes, Anton Raphael Mengs, hat deshalb den Engel nicht dargestellt, wie er auf dem Boden steht, sondern in einer Wolke direkt hinter dem Kopf von Joseph schwebend. Die Flügel des Engels sind klein, aber sein roter Umgang flattert breit und mächtig in der Luft. Wohlwollend schaut der Engel auf den schlafenden Joseph und deutet mit seinem linken Zeigefinger nach oben. Von dort kommt das Licht und in ihm erscheint die Taube des Heiligen Geistes. Josephs Gesicht ist hell erleuchtet. Er wird die Botschaft des Engels verstehen.

Niemand ist zu Joseph gekommen, um ihm zu sagen, was er tun soll. Joseph hat nur von einem Engel geträumt. Doch er wusste, dass dieser Traum kein gewöhnlicher war. Der Engel im Traum hatte eine Botschaft Gottes für ihn und Joseph hat sie angenommen.

Während er noch darüber nachdachte, erschien ihm ein Engel des Herrn im Traum und sagte: Joseph, Sohn Davids, fürchte dich nicht, Maria als deine Frau zu dir zu nehmen; denn das Kind, das sie erwartet, ist vom Heiligen Geist. Sie wird einen Sohn gebären; ihm sollst du den Namen Jesus geben, denn er wird sein Volk von seinen Sünden erlösen.

(Matthäus 1, 20–21)

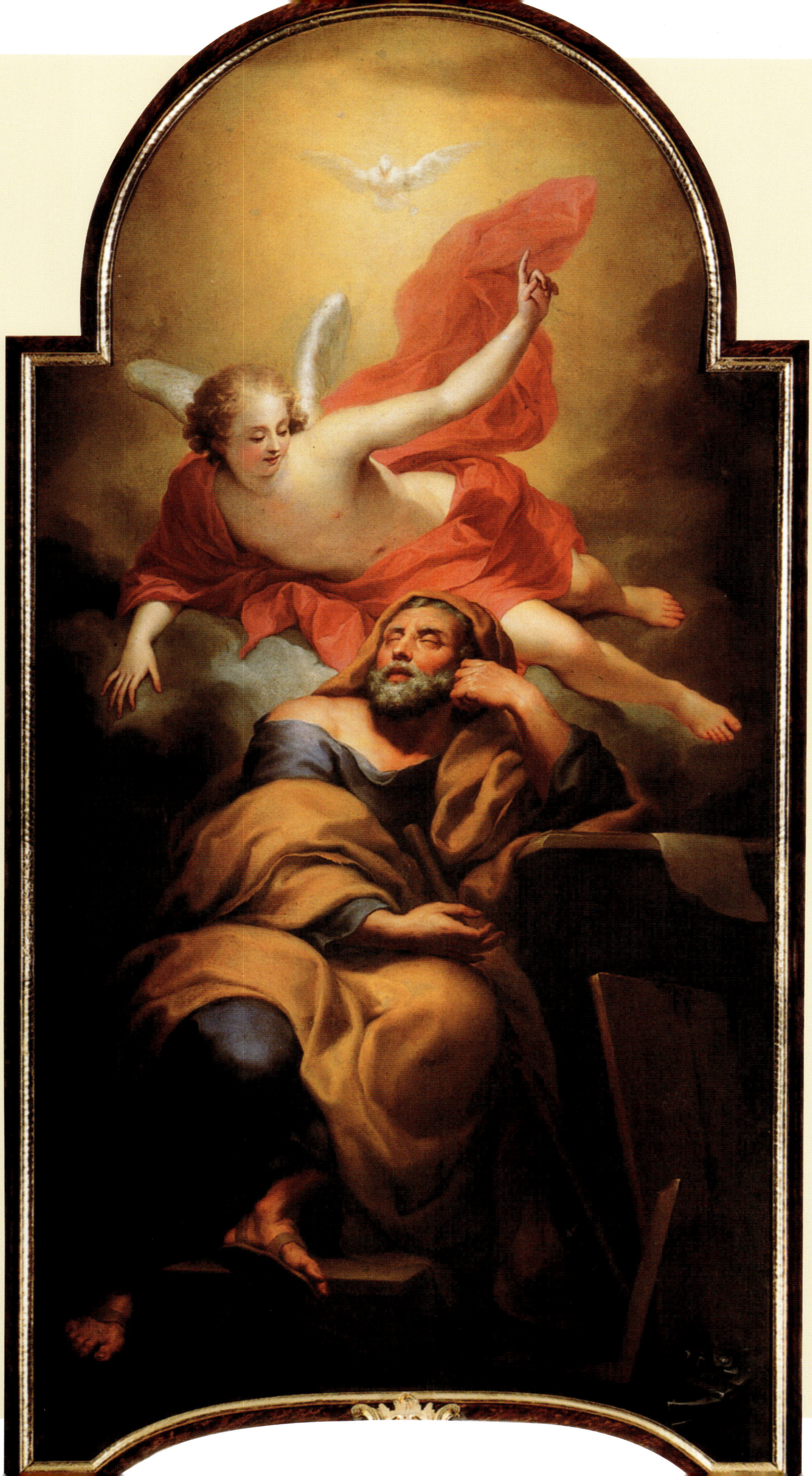

Die Verkündigung an

»Verkündigung an die Hirten« *Sano di Pietro, 15. Jh.*

Auch als Jesus in Bethlehem, der Stadt Davids, geboren wurde, waren Engel da. In der Stille jener heiligen Nacht lagerten Hirten bei ihren Herden auf dem Feld. Da wurde es plötzlich hell und ein Engel Gottes trat zu ihnen. Sein Glanz umstrahlte auch noch die Hirten und ihre Schafe. Der Engel sagte: »Fürchtet euch nicht, denn ich verkünde euch eine große Freude. Heute ist in der Stadt Davids der Heiland geboren, der Messias, der Herr. Ihr werdet ein Kind finden, das in Windeln gewickelt ist und in einer Krippe liegt.«

Und plötzlich war da nicht mehr nur ein Engel, sondern eine ganze Schar. Sie lobten Gott und sangen: »Ehre sei Gott in der Höhe und Friede auf Erden den Menschen seiner Gnade.« Als die Engel wieder verschwunden waren, machten sich die erstaunten Hirten auf den Weg nach Bethlehem. Dort fanden sie das Kind, so wie es ihnen gesagt worden war.

Als die Engel sie verlassen hatten und in den Himmel zurückgekehrt waren, sagten die Hirten zueinander: Kommt, wir gehen nach Bethlehem, um das Ereignis zu sehen, das uns der Herr verkünden ließ. So eilten sie hin und fanden Maria und Joseph und das Kind, das in der Krippe lag. (Lukas 2, 15–16)

die Hirten

Mitten in einer hügeligen Landschaft sehen wir eine Herde schwarzer und weißer Schafe in einem Pferch. So wurden die Schafe in der Nacht vor dem Davonlaufen und vor wilden Tieren geschützt. Zwei Hirten haben ein Feuer gemacht und wachen neben ihren Schafen. Dolch und Lanze zur Verteidigung ihrer Tiere haben sie abgelegt. Dicke Umhänge und das Feuer, über dem sie ihre Hände wärmen, schützen sie gegen die Kälte der Nacht. Doch auf einmal ist es ganz hell geworden. Mitten in den Wolken am Himmel ist ein Engel erschienen. Um ihn herum leuchtet alles, golden glitzert sein Heiligenschein. Freundlich spricht der Engel zu den Hirten, er deutet auf eine Stadt auf dem Berg. Das ist Bethlehem, dort ist in einem Stall der Heiland geboren. Ganz gespannt hat auch der Hund der Hirten seine Schnauze hochgereckt und schaut zum Engel empor.

In seiner Linken hält der Engel einen Olivenzweig. Das ist ein altes Sinnbild des Friedens. Schon die Taube aus der Arche Noah war mit einem Olivenzweig zu Noah zurückgekehrt, als die Sintflut vorbei war.

Viele Hügel kennzeichnen die Landschaft in diesem Bild. Dazwischen wachsen einzelne Bäume und die Türme kleiner Städte ragen in den Himmel. Nur links vorne und von der Stadt Bethlehem hoch auf dem Hügel in der Mitte kann man ein paar Häuser sehen. Auch wenn der Maler diese Landschaft sehr einfach gemalt hat, erinnert sie doch an die Umgebung seiner Heimatstadt Siena in Italien. Dort hat er vor mehr als fünfhundert Jahren gelebt. Auch dort befinden sich viele kleine Städte auf zahlreichen Hügeln.

Christi Geburt

»Anbetung des Kindes« *Stefan Lochner, um 1445*

Obwohl im Bericht der Bibel die Engel nur den Hirten auf dem Feld erschienen waren, haben viele Maler auch Engel dargestellt, wenn sie den Stall von Bethlehem mit der Krippe und mit dem neugeborenen Jesuskind malten. Laurentius fand zahllose Weihnachtsdarstellungen mit Engeln:

Maria und Joseph weilten zur Zeit, als Jesus geboren werden sollte, in Bethlehem. Der römische Kaiser Augustus, zu dessen Reich das Heilige Land damals gehörte, hatte befohlen, dass das ganze Volk gezählt werden sollte. Jeder musste in seine Vaterstadt gehen und sich dort eintragen lassen. Joseph stammte aus Bethlehem. So machte er sich mit der schwangeren Maria auf den Weg. Bethlehem aber war überfüllt von fremden Besuchern. Deshalb fanden Joseph und Maria keinen Platz in den Herbergen. Als die Zeit der Geburt kam, musste Maria ihr Kind in einem Stall zur Welt bringen. Sie wickelte es in Windeln und legte es in eine Krippe.

So ein kaputter Stall! Das Strohdach hat viele Löcher und auch neben dem Fenster in der geflochtenen Rückwand klafft ein Loch. Die Wand vorne fehlt überhaupt. Die einfache Futterkrippe, hinter der du Ochs und Esel sehen kannst, ist auch schon altersschwach. Und das Jesuskind liegt sogar bloß auf dem mit etwas Stroh bedeckten Boden anstatt in der Krippe. Nur ein besticktes Tuch schützt es ein wenig. Man könnte meinen, der Maler dieses Bildes wollte ganz besonders darauf hinweisen, dass Maria und Joseph arm waren. Aber der löchrige Stall soll auch ein Sinnbild sein. Er zeigt, dass der Alte Bund, den Gott einst mit dem auserwählten Volk der Israeliten geschlossen hatte, nun zu Ende geht. Mit der Geburt von Jesus ist die Erlösung in die Welt gekommen und so ein neuer Bund Gottes mit den Menschen entstanden. Auch das mit Kreuzen bestickte Tuch und die Getreidehalme auf dem Boden haben eine tiefere Bedeutung. Das Tuch soll genauso wie das Getreide an die heilige Kommunion und die Verwandlung der Hostie in den Leib Jesu Christi bei der Messfeier erinnern. Auf so ein Tuch wird nämlich die Hostie auf dem Altar gelegt.

Still und andächtig kniet Maria. Sie ist ganz in Blau gekleidet. Lang fallen ihre blonden, mit einer Perlenschnur geschmückten Haare über den Rücken. Der Heiligenschein von Maria ist genauso wie jener des Jesuskindes aus echtem Blattgold. Nur ist im Heiligenschein von Jesus noch ein Kreuz eingezeichnet. Daran kann man ihn immer erkennen. Wo Joseph wohl ist?

Durch das Fenster im Hintergrund blicken drei Engel auf das Jesuskind und auch dahinter drängen sich noch welche! Die Engel auf dem Dach singen aus ihrer Notenrolle zu Ehren des Kindes ein Lied. Einer der Engel ist vom Dach weggeflogen und verkündet den Hirten mit ihrer Schafherde die Geburt des Heilands. Wie Maria sind die Engel blau gekleidet und sie haben blaue Flügel.

Und es sind Kinder!

Maria aber bewahrte alles, was geschehen war, in ihrem Herzen und dachte darüber nach.

(Lukas 2, 19)

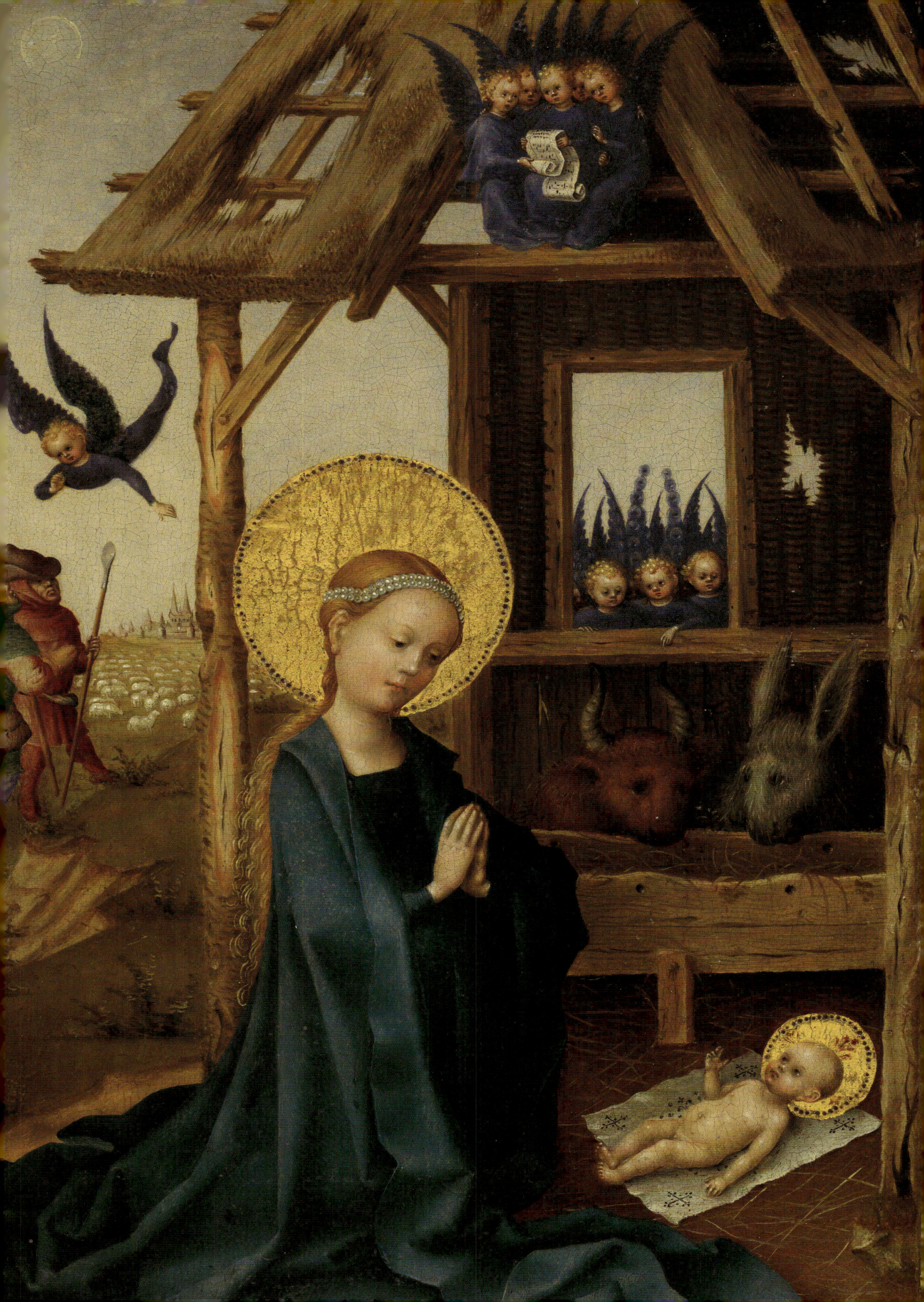

Der Besuch der Drei Weisen

»Der Traum der Heiligen Drei Könige« um 1120/40

Nachdem die Hirten das neugeborene Kind angebetet hatten, kamen auch drei weise Männer zu Maria und Joseph und dem Kind. Sie hatten einen Stern aufgehen sehen, der einen neuen König ankündigte. Das war etwas Außergewöhnliches. So folgten sie dem Stern. In Jerusalem suchten die Männer König Herodes auf und fragten ihn nach dem neugeborenen König der Juden. Da erschrak Herodes und mit ihm ganz Jerusalem. Er ließ die Schriftgelehrten kommen. Die wussten, dass ein ganz besonderes Kind, der zukünftige Messias oder Erlöser, in Bethlehem geboren würde. Deshalb machten sich die drei Sterndeuter wieder auf den Weg. Und sie fanden das Kind in Bethlehem, beschenkten es mit Gold, Weihrauch und Myrrhe und beteten es an. Und weil ihre Geschenke so königlich waren, hat man später gemeint, die drei Weisen müssten selbst Könige gewesen sein. Herodes hatte sie gebeten, zu ihm zurückzukehren, damit auch er dem Kind huldigen könne. Doch nach einem Traum, in dem ihnen geboten wurde, nicht nach Jerusalem zurückzukehren, wählten sie einen anderen Weg heim in ihr Land.

Umrahmt von einem Haus, das vorne offen ist, siehst du hier die drei Könige im Bett liegen. Dicke Kissen stützen ihre Köpfe. Decken schützen sie vor der Kälte. Aber die vordere Decke ist wohl zu kurz geraten! Eng aneinandergedrückt liegen die Könige da. Etwas hat sie aufgeweckt. Da sehen sie auch schon einen Engel, der den einen der drei Männer am Arm fasst und eindringlich auf sie einredet. Sie dürfen nicht mehr zu König Herodes zurückkehren, denn der führt Böses im Schild.

In der Bibel erscheint nur Joseph im Traum ein Engel, aber die Maler haben auch die Botschaft, von der die Könige träumten, mit einem Engel verbunden.

In kostbaren Farben und mit rahmenden Musterstreifen hat der Künstler das Bild gestaltet. Dass alles wie echt aussieht, war für diesen Künstler nicht wichtig. Viel entscheidender war, dass derjenige, der das Bild anschaut, erkennt, worauf es wirklich ankommt – die Botschaft des Engels und das Heilige dieses Geschehens. Groß erscheint der Engel in der Mitte des Bildes. Seine Flügel sind weit ausgebreitet. Das Haus wirkt eigentlich nicht wie ein Raum, sondern mehr wie ein Rahmen um dieses himmlische Wesen.

Was bedeuten die Geschenke der Könige? Gold schenkte man Herrschern, mit Weihrauch wurde Gott verehrt und mit dem duftenden Myrrhenharz wurden die Toten gesalbt. So zeigen uns schon am Anfang die Geschenke der Weisen, dass das kleine Jesuskind ein König und der Sohn Gottes ist und am Kreuz für uns sterben wird.

Dieses Bild hat ein Miniaturmaler vor fast 900 Jahren in ein Buch gemalt, das Mönche in einer Kirche zum Beten benützt haben. Miniaturmaler werden jene Künstler genannt, die in mittelalterliche Bücher, die damals noch mit der Hand geschrieben wurden, Miniaturen, also Bilder oder Verzierungen, malten. Das Wort Miniatur kommt vom lateinischen minium, das ist die Bezeichnung für einen roten Farbstoff, der dafür besonders häufig verwendet wurde.

Weil ihnen aber im Traum geboten wurde, nicht zu Herodes zurückzukehren, zogen sie auf einem anderen Weg heim in ihr Land. (Matthäus 2, 12)

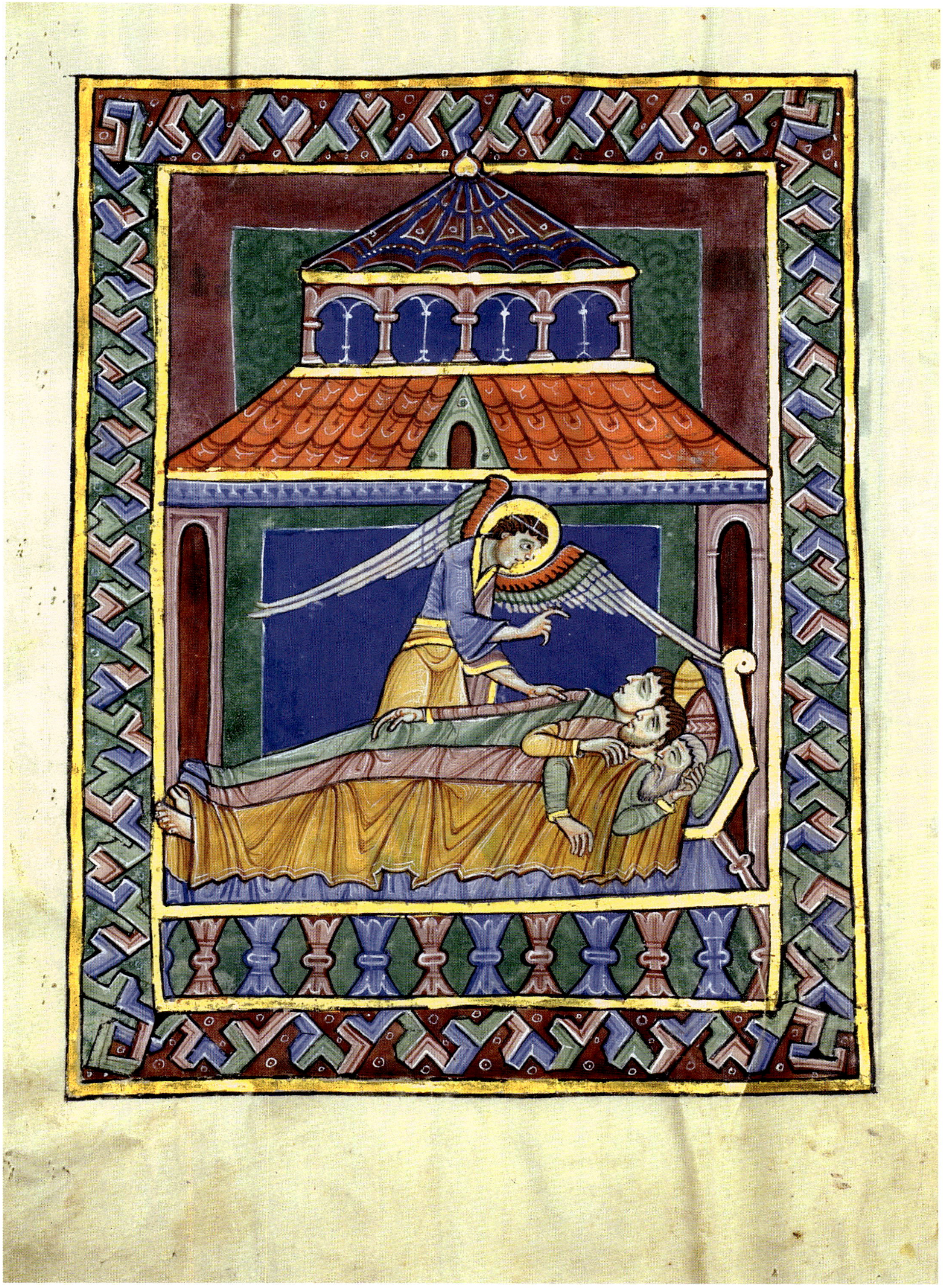

Aufforderung zur

»Josephs Traum im Stall von Bethlehem« Rembrandt, 1645

König Herodes wartete vergeblich auf die drei weisen Männer. Sie hätten ihm, der Böses im Schild führte, verraten sollen, wo Jesus, das besondere Kind, dessen Stern sie hatten aufgehen sehen, zu finden war. Doch die Könige kehrten nach ihrem Traum nicht mehr nach Jerusalem zurück. So befahl Herodes seinen Soldaten, alle Knaben in Bethlehem, die noch nicht zwei Jahre alt waren, zu töten. Rechtzeitig bevor die Häscher kamen, wurde Joseph im Traum von einem Engel des Herrn aufgefordert, mit Maria und dem Kind nach Ägypten zu fliehen. Erst als König Herodes gestorben war, konnte die Heilige Familie in ihre Heimat zurückkehren. Auch diesmal erschien wieder ein Engel, um Joseph in Ägypten die Nachricht vom Tod des Königs zu bringen.

Hier siehst du einen alten Stall. Die Tür ist verschlossen. Es ist dunkel und mitten in der Nacht. Doch auf einmal wird es hell. Strahlendes Licht fällt von oben ein und ein Engel berührt sanft die Schulter von Joseph. Dieser hockt am Boden, hat seinen Kopf in eine Hand gestützt und schläft. Auch Maria schläft. Sie hat das Kind in ein warmes Tuch gehüllt und schützt es mit ihren Armen. Das Rot des Tuches und ein bisschen Blau vom Mantel Mariens sind die einzigen bunten Farben im Bild. Sonst ist alles dunkel und braun oder hell leuchtend.

Der Engel ist ganz leise gekommen. Ruhig ist er hinter Joseph getreten. Seine Flügel sind schützend über der kleinen Familie ausgebreitet. Man kann eigentlich nicht erkennen, wo er steht oder kniet er vielleicht? Sicher aber ist, dass er die wichtigste Figur im Bild ist. Der Maler zeigt uns mit dem hellen Licht, worauf es ihm im Bild ankommt.

Da stand Joseph in der Nacht auf und floh mit dem Kind und dessen Mutter nach Ägypten. Dort blieb er bis zum Tod des Herodes.

(Matthäus 2, 13–15)

Flucht nach Ägypten

Ein Wunder am Teich

»Jesus heilt einen Gelähmten am Teich Betesda«   Bartolomé Esteban Murillo, um 1667–1670

Nach den Erzählungen über die Geburt von Jesus Christus kommen in den Berichten des Neuen Testaments nicht mehr so oft Engel vor. Laurentius musste erst eine Weile suchen.

Als Jesus erwachsen war, zog er durch das Land, lehrte die Menschen, wie sie leben sollten, und vollbrachte viele Wunder und Heilungen. Einmal, als er zu einem Fest nach Jerusalem hinaufging, sah er am Teich Betesda einen Lahmen liegen. Bei diesem Teich, der von großen Säulenhallen umgeben war, befanden sich viele Kranke, denn von Zeit zu Zeit, so erzählte man sich, kam ein Engel vom Himmel herab und brachte das Wasser zum Aufwallen. Wer nun als erster zum Wasser gelangte und hineinstieg, wurde von seiner Krankheit geheilt.

Der Lahme aber hatte niemanden, der ihn zum Wasser trug. Er lag schon lange da, denn er war seit 38 Jahren krank. Jesus fragte ihn: »Willst du gesund werden?« Der Kranke antwortete ihm: »Herr, ich habe keinen Menschen, der mir hilft. Immer ist ein anderer schneller am Wasser als ich.« Da sagte Jesus zu ihm: »Steh auf, nimm dein Bett und geh.« Der Mann wurde sofort gesund, stand auf, nahm sein Bett und ging. Weil dieser Tag ein Sabbat war, an dem niemand arbeiten und ein Bett tragen darf, verfolgten die Juden Jesus. Er aber sagte zu ihnen: »Mein Vater im Himmel wirkt ohne Unterbrechung und so wirke auch ich.« Nun wurden sie noch wütender, denn Jesus hatte nicht nur die Sabbatruhe gebrochen, sondern auch noch Gott seinen Vater genannt. Das war für sie eine Gotteslästerung. So trachteten sie ihm ab diesem Zeitpunkt nach dem Leben.

Viele Kranke liegen in den großen Hallen um den Teich Betesda. Andere gehen herum, wieder andere werden herbeigetragen. Arm und zerlumpt liegt auch der Gelähmte auf einem Bündel Stroh und einer Decke am Boden. Alt und grau sieht er aus. Neben ihm sehen wir seine Krücke, einen Krug mit bereits zerbrochenem Rand, einen abgestoßenen Teller. Da kommt Jesus mit seinen Aposteln vorbei. Voll Mitgefühl spricht er den Kranken an. Dieser erzählt ihm wohl gerade, dass er niemanden zum Helfen hat. Unter den anderen Kranken ist es unruhig geworden. Einige heben ihre Köpfe, aber sie schauen nicht zu Jesus. Was geschieht da am Himmel? Licht bricht durch die Wolken und der Engel nähert sich. Er wird das natürliche Wasser in ein heilendes verwandeln. Der Gelähmte aber braucht sich nicht mehr zu grämen, dass andere schneller am Wasser sind. Jesus selbst wird ihm helfen.

Jesus wirkt sehr groß in diesem Bild. Wir, die Betrachter, befinden uns wohl unterhalb auf einer Stufe, die zu den Hallen hinaufführt. Wie der Gelähmte müssen auch wir zu Jesus aufblicken. Und das war dem Maler sicher sehr wichtig. Denn bevor das Bild in ein Museum kam, hing es in der Kapelle eines Krankenhauses in Sevilla in Spanien. Dort hofften auch die Kranken wie der Gelähmte auf dem Bild auf Heilung durch Jesus.

Der Sabbat, unser Samstag, ist der Ruhetag der Juden. Er dient dem Gebet und die Menschen dürfen nicht arbeiten. So können sie Gott verehren und sich von der Mühe der Arbeit erholen. Auch in der Schöpfungsgeschichte ruhte Gott am siebten Tage. In den Zehn Geboten werden wir ebenfalls aufgefordert, den Tag des Herrn als Ruhetag zu halten.

In Jerusalem gibt es beim Schaftor einen Teich, zu dem fünf Säulenhallen gehören; dieser Teich heißt auf hebräisch Betesda. In diesen Hallen lagen viele Kranke, darunter Blinde, Lahme und Verkrüppelte. (Johannes 5, 2–3)

Betesda

Jesus am Ölberg

»Christus am Ölberg« Meister des Sterzinger Altares, 1458

A ls Jesus wusste, dass sein Tod nahe war, feierte er mit seinen Jüngern das Abendmahl. In der Nacht zog er sich auf den Ölberg vor den Toren der Stadt Jerusalem in einen Garten zurück, der Gethsemane hieß, um zu beten. So hatte er es schon früher oft getan. Auch seine Jünger, die bei ihm waren, forderte er auf zu beten. Jesus entfernte sich ein Stück von ihnen und flehte zu seinem Vater im Himmel: »Vater, wenn du willst, lass diesen Kelch an mir vorübergehen. Doch nicht mein, sondern dein Wille geschehe.« Er hatte Angst. Da kam ein Engel und stärkte ihn. Als Jesus zu seinen Jüngern zurückging, schliefen diese. Jesus weckte sie und bat sie erneut zu beten. Dann zog er sich wieder zurück, um den Vater anzurufen. Und noch einmal schliefen die Jünger ein. Jesus aber wusste, dass bald sein Verräter kommen würde, um ihn den Schergen der Hohenpriester auszuliefern.

Jesus kniet mitten in einer felsigen Landschaft. Er hat Angst. Sein Gesicht ist bleich. Er schwitzt Blut. Überall am Kopf, auf den Händen und den Füßen hat der Maler die Blutstropfen gezeigt. Und das Gewand von Jesus ist nicht rot oder weiß wie sonst üblich, sondern blassviolett. Jesus schaut zum Himmel und betet zu seinem Vater. Den Engel, der hinter einem Felsen steht, auf den Kelch des Leidens deutet und Jesus stärken will, hat er wohl noch gar nicht wahrgenommen. Vielleicht hofft Jesus noch, dass das Leiden an ihm vorübergeht. Dennoch ist er bereit, den Tod auf sich zu nehmen, um für seine Botschaft Zeugnis abzulegen und die Menschen zu erlösen.

Im Hintergrund steigt Judas in seinem gelben Gewand schon über den Zaun. Ein Häscher folgt ihm mit einem Strick. Ein anderer Soldat springt wie im Hochsprung mit Hilfe einer Lanze über die Umzäunung. Die übrigen folgen mit ihren Waffen, darunter auch ein Morgenstern, im Schein einer Fackel.

Die Apostel haben Jesus allein gelassen. Müde und erschöpft sind sie eingeschlafen, obwohl Jesus sie gebeten hatte, mit ihm zu wachen. Petrus hat sein Schwert bei sich. Er wird später damit einem Diener des Hohenpriesters ein Ohr abschlagen. Doch Jesus will keine Gewalt und wird das Ohr wieder heilen. Neben Petrus schlafen Johannes im roten Gewand und Jakobus. Ihr Heiligenschein ist ganz zart. Der Heiligenschein von Jesus hat dagegen ein Kreuz eingeschrieben.

Schau mal, wie genau der Maler alles gezeichnet hat – Falten, Haare, Bart, Knöpfe ... Aber der Himmel sieht nicht aus wie in Wirklichkeit. Der Maler hat ihn golden gemalt. So sieht man sofort, dass es sich um ein ganz besonderes Geschehen handelt.

Violett ist die Farbe der Buße. In der Passionszeit vor Ostern sind auch die Gewänder der Priester und Ministranten in der Kirche violett. Und wohl deshalb hat der Maler Jesus in einem violetten Gewand dargestellt.

Das Bild stammt von einem großen Flügelaltar. Das waren Altäre mit beweglichen Flügeln. An Werktagen waren die Flügel geschlossen, an Sonn- und Feiertagen geöffnet. Manchmal gab es sogar doppelte Flügel. Das erste Paar wurde dann jeweils am Sonntag geöffnet, das zweite nur an hohen Feiertagen. Das Innere dieser Altäre hatte meist einen prächtig geschnitzten Figurenschmuck.

Da ergriff ihn Furcht und Angst, und er sagte zu ihnen: Meine Seele ist zu Tode betrübt. Bleibt hier und wacht! Und er ging ein Stück weiter, warf sich auf die Erde nieder und betete, dass die Stunde, wenn möglich, an ihm vorübergehe.

(Markus 14, 33—35)

Die Auferstehung Jesu Christi

»Die Drei Marien am Grabe Christi« *Hubert und Jan van Eyck, um 1420*

Nachdem Jesus am Kreuz gestorben war, wurde sein Leichnam abgenommen und in einem Grab in einem Felsen bestattet. Weil es der Abend vor dem Paschafest der Juden war, musste jedoch alles in Eile geschehen. So wurde der Leichnam nicht, wie sonst üblich, einbalsamiert. Erst am Morgen nach dem Festtag machten sich drei Frauen aus dem Gefolge von Jesus auf den Weg, um sein Grab aufzusuchen und den Leichnam zu salben. Auf dem Hinweg sorgten sie sich, wer ihnen wohl den schweren Grabstein wegwälzen würde. Doch als sie dort ankamen, war der Stein fort und das Grab leer. Dann sahen sie einen Engel in einem strahlenden weißen Gewand. Dieser sagte zu Ihnen: »Fürchtet euch nicht! Ich weiß, ihr sucht Jesus von Nazareth, den Gekreuzigten. Er ist nicht mehr hier, denn er ist von den Toten auferweckt worden.«

In einer felsigen Gegend vor den Toren einer großen Stadt steht ein marmorner Sarkophag. So nennt man einen prunkvollen Sarg aus Stein, der selbst als Grabmal dient. Er ist offen. Sein Deckel liegt quer auf ihm und darauf sitzt ein Engel. Strahlend weiß ist sein Gewand, seine Haare sind blond und seine Flügel außen grün und innen gelb und rot. Er hat einen Botenstab in seinen Händen. Es ist ja seine Aufgabe, den Frauen am Grab eine Botschaft mitzuteilen. Mit erhobener Rechter spricht er zu ihnen. Die drei Frauen sind in prächtige Umhänge gehüllt und tragen Salbgefäße in ihren Händen. Traurig, doch aufmerksam hören sie dem Engel zu. Die frohe Botschaft, die er bringt, haben sie offensichtlich noch nicht begriffen.

Vor und neben dem Grab liegen noch die Wächter. Mit Schwertern, Lanzen, Hellebarden, Schilden und Helmen sind sie ausgerüstet, um das Grab zu bewachen. Doch sie sind in einen tiefen Schlaf versunken und haben von der Auferstehung selbst und der Botschaft des Engels nichts mitbekommen.

Die Stadt im Hintergrund ist Jerusalem. Mit ihren vielen Türmen sieht sie sehr fremd aus, aber nicht wie eine orientalische Stadt. Die beiden Maler dieses Bildes, zwei Brüder, die vor 600 Jahren lebten, kannten das echte Jerusalem nicht, so malten sie eine Phantasiestadt.

Wir wissen nicht, was bei der Auferstehung von Jesus geschehen ist. Keiner hat sie gesehen. Aber wir haben davon Kunde durch die Botschaft des Engels und weil Jesus seinen Jüngern nach der Auferstehung erschienen ist. Jesus ist aber nicht einfach in das Leben zurückgekehrt, als ob er nie gestorben wäre. Er hat in der Auferstehung eine wunderbare Verwandlung erfahren. Manchmal erkannten ihn seine Jünger deshalb nicht und er konnte plötzlich in fest verschlossenen Räumen erscheinen. Christen in aller Welt glauben daran, nach ihrem irdischen Tod ebenfalls eine Auferstehung und Verwandlung zu erleben.

Ein Bild mit der Auferstehung Jesu Christi zu malen, ist sicher sehr schwer, dachte Laurentius. Trotzdem haben viele Maler diesen Versuch unternommen, denn die Auferstehung Jesu steht für Christen im Zentrum ihres Glaubens. Und weil die Auferstehung an einem Sonntag geschehen ist, ist dieser Tag für die Christen anstelle des Sabbat, des Samstags, zum Tag des Herrn und zum Ruhetag geworden.

Er aber sagte zu ihnen: Erschreckt nicht! Ihr sucht Jesus von Nazaret, den Gekreuzigten. Er ist auferstanden; er ist nicht hier.   *(Markus 16, 6)*

Himmelfahrt

»Christi Himmelfahrt« *Perikopenbuch Kaiser Heinrichs II, 1007–12*

Nach seiner Auferstehung erschien Jesus mehrmals seinen Jüngern. Er tröstete sie, aber er forderte sie auch auf, die Menschen im Namen Gottes zu taufen und allen Völkern die frohe Botschaft der Erlösung zu verkünden. Und er versprach ihnen, den Heiligen Geist zu senden, um sie zu stärken. Dann aber führte er sie hinaus aus Jerusalem auf den Ölberg in der Nähe von Betanien. Dort erhob Jesus seine Hände und segnete sie. Während er sie segnete, wurde er vor den Augen der Apostel in den Himmel emporgehoben. Eine Wolke entzog ihn ihren Blicken. Und noch während die Jünger zum Himmel schauten, standen auf einmal zwei Männer in weißen Gewändern vor ihnen. Sie sagten: »Jesus, der in den Himmel aufgenommen worden ist, wird wieder kommen.« Dann verschwanden auch sie. Die Jünger aber kehrten nach Jerusalem zurück.

Waren es wirklich nur Männer, wie es in der Bibel geschrieben steht? Es müssen Engel gewesen sein, so plötzlich wie sie auftauchten und wieder verschwanden. Und auch das, was sie zu sagen hatten, war eine Botschaft Gottes an die Jünger.

Viele Maler haben die Männer deshalb mit Flügeln dargestellt, damit wir beim Anschauen der Bilder gleich erkennen können, dass es keine gewöhnlichen Menschen waren. Auch in diesem Bild, das aus einem kostbaren Buch stammt, haben die beiden vorderen Männer mächtige, weit nach oben gereckte Flügel. Sie reden mit den neben ihnen stehenden Menschen. Links ist es Maria, die Mutter Jesu, und rechts ist es der Apostel Petrus.

Mit ihren Händen und den ausgestreckten Fingern deuten die Engel zum Himmel. Und hier sehen auch wir Jesus mit seinem Heiligenschein auf einer Wolke schwebend. Mit der Rechten segnet er seine Jünger, aber er schaut sie nicht mehr an. Sein Blick ist schon ganz in eine andere Welt gerichtet. Links und rechts warten dort zwei Engel auf ihn. Er geht in den Himmel, diese andere Welt. Die Jünger unten sehen ihn noch, doch bald wird er ihren Blicken entzogen sein.

Sehr wirklichkeitsnah sind die Menschen und Gegenstände auf dem Bild nicht dargestellt. Diesem Maler aus dem frühen Mittelalter war es offensichtlich nicht wichtig, dass wir den Berg genau sehen, auf dem Jesus in den Himmel aufgefahren ist, die Landschaft dahinter, die Wolke, die ihn verdecken wird, oder den Himmel selbst. Ein kleiner Hügel mit einem Baumstumpf, eine farbige Fläche, hinter der sich die beiden oberen Engel teilweise verbergen, reicht aus. Die riesigen Hände, die segnen oder auf etwas hinweisen, und die übergroßen Augen der Schauenden: das sollen wir betrachten. Dieser Maler erzählt nicht, wie es gewesen sein könnte, er will uns vor allem das Besondere, das Himmlische des Geschehens, verstehen lassen.

Die mittelalterlichen Bücher, die mit so prächtigen Bildern und echtem Gold verziert waren, wurden in Klöstern von Mönchen geschrieben und bemalt.

Ihr Männer von Galiläa, was steht ihr da und schaut zum Himmel empor. Dieser Jesus, der von euch ging und in den Himmel aufgenommen wurde, wird ebenso wiederkommen, wie ihr ihn habt zum Himmel hingehen sehen.

(Apostelgeschichte 1, 11)

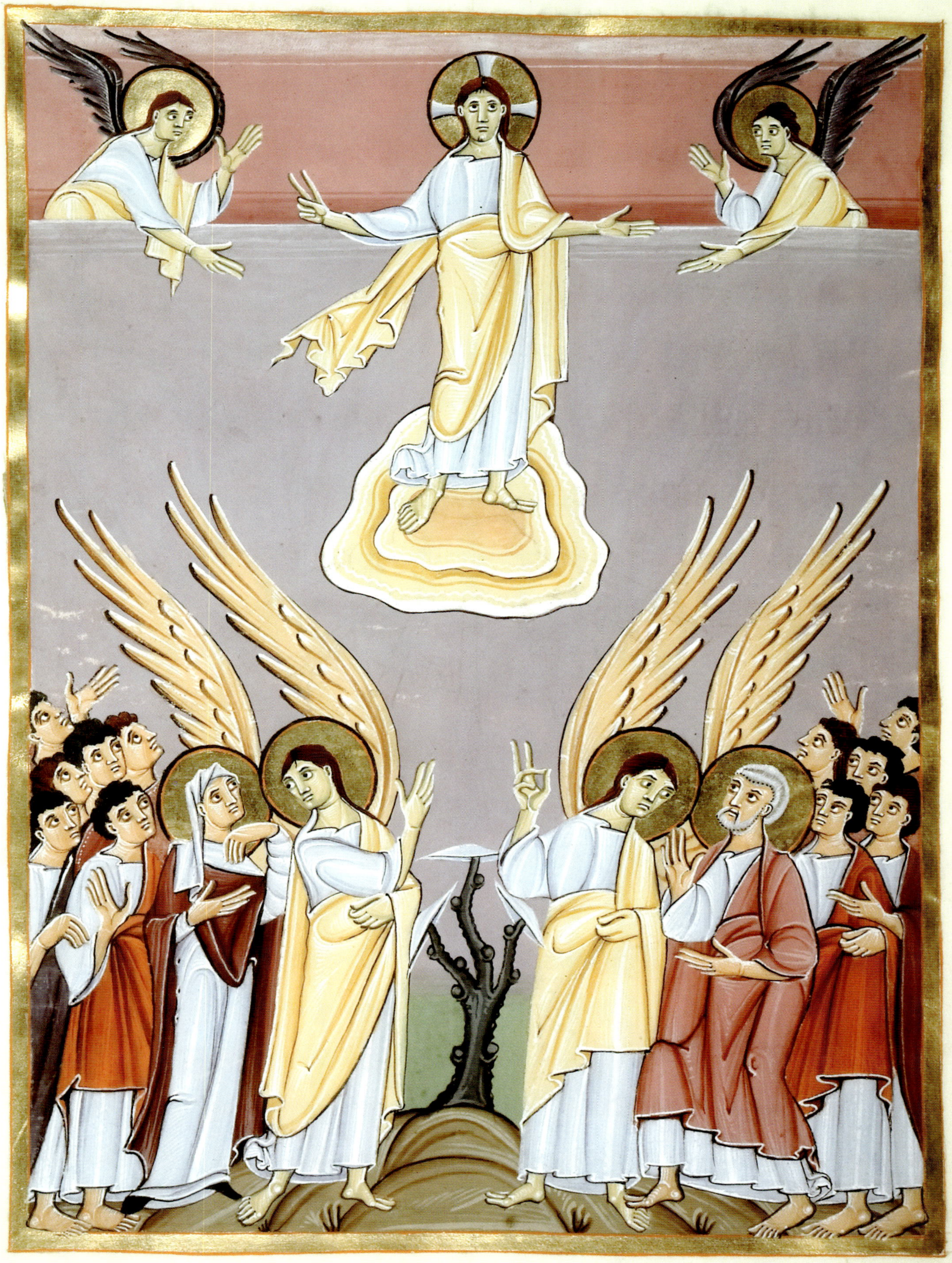

Ein Engel befreit Petrus aus dem Kerker

»Befreiung Petri aus dem Kerker« *Raffaello Santi, 1511–14*

Auch in der Apostelgeschichte, die in der Bibel nach den Evangelien kommt, entdeckte Laurentius eine wunderbare Engelgeschichte: Als der Apostel Petrus nach der Auferstehung Jesu wie die anderen Jünger und Apostel durch das Land zog, um Menschen zu bekehren und ihnen die frohe Botschaft zu bringen, wurde er von König Herodes Agrippa gefangen genommen und in den Kerker geworfen. Herodes wollte ihn dem Volk vorführen lassen und töten. Petrus lag mit Ketten gefesselt, Soldaten mussten ihn ständig bewachen. In der Nacht, als Petrus schlief, wurde es plötzlich hell. Ein Engel des Herrn trat in die Zelle und sagte: »Petrus, steh auf, zieh deine Sandalen an und folge mir!« Petrus glaubte zu träumen, doch die Fesseln fielen wirklich von seinen Händen. Die Wachen schliefen weiter und merkten nichts. Rasch zog Petrus, wie es ihm der Engel befohlen hatte, seine Sandalen an.

Das große eiserne Gefängnistor öffnete sich ganz von selbst. Dann war Petrus draußen. Der Engel hatte ihn sicher an den schlafenden Wächtern vorbeigeführt. Doch in einer der kleinen Gassen verschwand der Engel. Petrus war wieder allein. Er hatte aber nun verstanden, dass er wirklich frei war. Schnell lief er zu einem jener Häuser, in denen sich die Jünger zum Gebet versammelten. Dort erzählte er, was sich ereignet hatte. Danach verließ er eilends die Stadt.

Auf einer großen Treppe sitzen und stehen Soldaten in dunklen Rüstungen. Sie bewachen das Gefängnis, in das der König Petrus hat einsperren lassen. Aber sie diskutieren so aufgeregt. Ist vielleicht etwas nicht in Ordnung?

In der Mitte des Bildes sehen wir Petrus hinter den Gittern seines Kerkers schlafen. Er ist angekettet und zwei Soldaten mit ihren Lanzen bewachen ihn. Die Ketten des Gefangenen sind zur Sicherheit sogar an den Wächtern selbst befestigt. Da wird es auf einmal ganz hell, aber die Soldaten merken nichts davon. Ein Engel ist hereingetreten. Er berührt Petrus und fordert ihn auf mitzukommen. Er deutet nach draußen, in die Freiheit. Noch reagiert Petrus nicht, aber im rechten Bild sehen wir, dass ihn der Engel aus dem Gefängnis führt. Wie bewusstlos liegen die Wächter auf den Treppenstufen. Keiner kann den Engel mit Petrus aufhalten.

Gefangen und gefesselt in einem Kerker und gut bewacht, hat Petrus keine Aussicht auf Rettung. Doch er glaubt an Gott und legt sein Leben in dessen Hände. Und so wie Petrus können alle, die an Jesus glauben, Rettung und Befreiung von allen Fesseln erfahren.

Petrus wurde also im Gefängnis bewacht. Die Gemeinde aber betete inständig für ihn zu Gott. In der Nacht, ehe Herodes ihn vorführen lassen wollte, schlief Petrus, mit zwei Ketten gefesselt, zwischen zwei Soldaten; vor der Tür aber bewachten Posten den Kerker. Plötzlich trat ein Engel des Herrn ein, und ein helles Licht strahlte in den Raum.

(Apostelgeschichte 12, 5–7)

Jüngstes Gericht

»Der heilige Michael als Seelenwäger« Guariento di Arpo, um 1350

Das letzte Buch in der Bibel, die sogenannte Geheime Offenbarung des Johannes, auch Apokalypse genannt, berichtet vom Ende dieser Welt und dem Beginn einer neuen. Es ist ein sehr schwer zu verstehendes Buch und die Menschen haben es immer wieder anders zu erklären versucht.

Der Schreiber Johannes sieht in einer wunderbaren Schau Gott, alle Engel des Himmels, die ihm huldigen, und Jesus Christus, das Lamm Gottes. Johannes sieht aber auch Tod und große Drangsal über die Welt kommen. Nur die Auserwählten Gottes finden Rettung. Dann sieht Johannes eine Frau in der Sonne und den Kampf des Erzengels Michael mit dem Drachen des Bösen. Doch die Welt betet das Böse an und der Zorn Gottes ergießt sich über die Erde. Was Gott beschließt, das führen seine Engel aus. In einer großen Schlacht wird das Böse besiegt und der Teufel für tausend Jahre gebunden. Auf der Erde setzt eine Friedensherrschaft ein und die um Christi willen Getöteten werden von den Toten erweckt und den Tod nicht mehr schauen. Nach diesen tausend Jahren wird das Böse wieder erstehen, dann aber endgültig besiegt werden. Wenn dies geschehen ist, werden alle Toten im Weltgericht nach ihren Taten gerichtet werden. Und es wird ein neuer Himmel und eine neue Erde kommen, und es wird kein Leid mehr geben.

Früher haben die Menschen sehr viel über das kommende Weltgericht nachgedacht, und viele Künstler haben es dargestellt. Meist ist dabei auch der Erzengel Michael zu sehen. Entweder kämpft er gegen das Böse, so wie auf dem Bild mit dem Sturz der gefallenen Engel, das du auf Seite 73 sehen kannst, oder er hält eine große Waage in der Hand, um die Seelen der Menschen und ihre Taten abzuwägen. Der heilige Michael gilt auch als Begleiter der Seelen der Verstorbenen im Jenseits. Da soll er für sie gegen das Böse, den Teufel kämpfen. Selbst wenn beim Wiegen die Waagschale nach oben steigt, weil der Verstorbene nicht genug gute Taten vorzuweisen hat, und der Teufel versucht, sich diese Seele zu holen, setzt sich Michael für sie ein. In manchen Bildern, so wie auch auf diesem Bild, wehrt Michael den Teufel sogar mit seiner großen Lanze ab.

Groß und mächtig steht Michael da. Der Teufel ist dagegen ganz klein. Es wird ihm nicht gelingen, die Seele an sich zu reißen, denn der Engel ist stark. Seine Lanze hat dem Teufel bereits eine Wunde zugefügt.

Gewogen wurdest du auf der Waage und zu leicht befunden. (Daniel 5, 27)

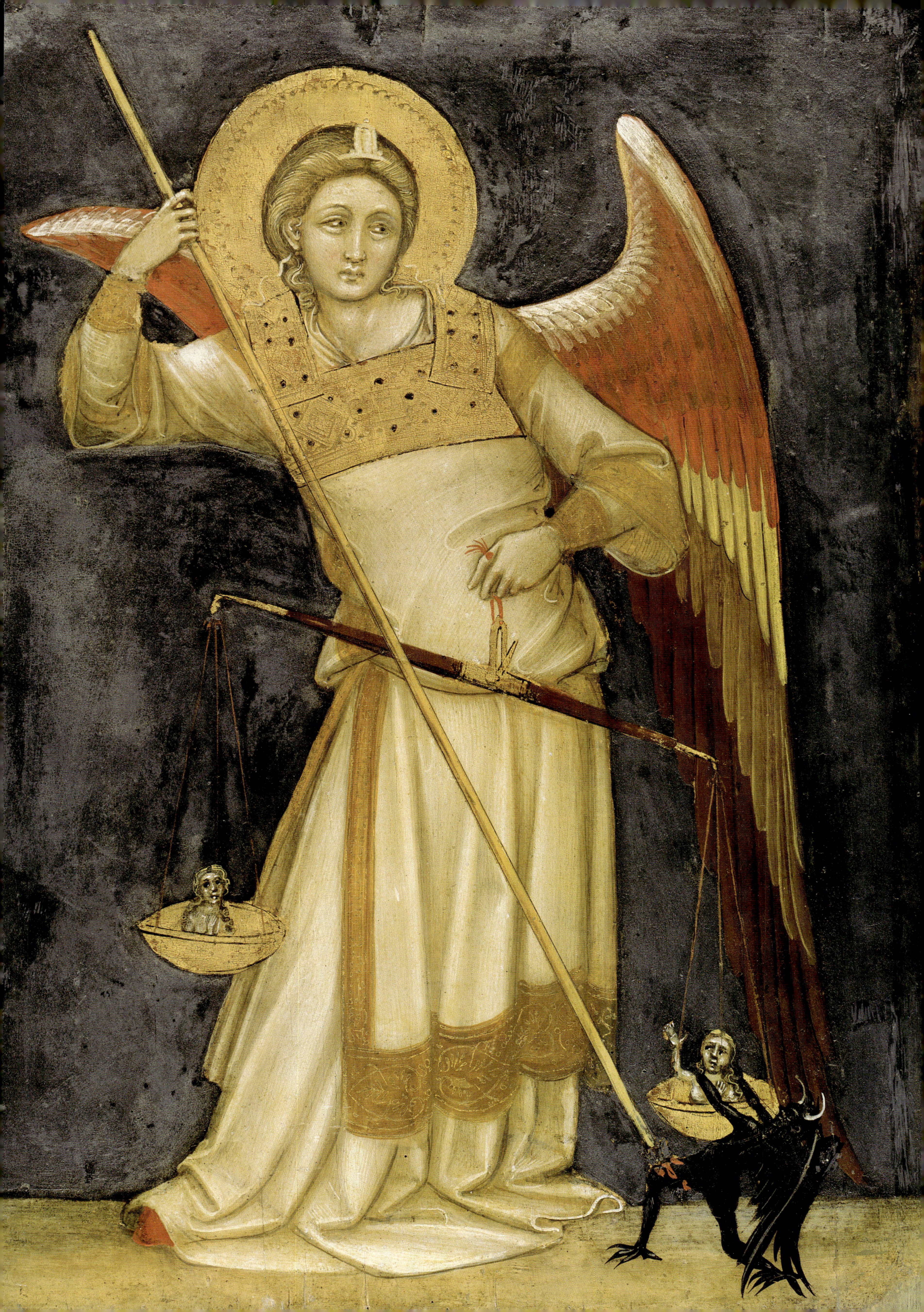

Engel bei Gott

»Gottvater als Schöpfer von Himmel und Erde« Peter von Cornelius, um 1840

In der Bibel finden sich viele unterschiedliche Textstellen, die sich auf Engel beziehen. Da gibt es die Engel als himmlische Boten, die Gottes Botschaft an die Menschen übermitteln und ihnen den Willen Gottes erklären. Dann gibt es die Diener Gottes, die seine Befehle ausführen. Manchmal ist es auch die Aufgabe der Engel, die ihnen anvertrauten Menschen zu schützen. Alle diese Engel verbinden die Welt der Menschen mit der himmlischen Welt. Dort preisen und loben die Engel Gott. So wie früher ein König einen Hofstaat hatte, der ihm zu Diensten stand, gelten auch die Engel als himmlischer Hofstaat Gottes. Jene Engel, die dem Thron Gottes am nächsten stehen, werden als geheimnisvolle feurige Wesen mit vier oder sechs Flügeln und vielen Augen beschrieben. Sie werden Seraphim und Cherubim genannt und sind die Wächter am göttlichen Thron. Andere treten in großer Zahl auf und gelten als die Heerscharen Gottes. Aus unterschiedlichen Bezeichnungen für Engel in den Texten der Bibel entstand später bei den Menschen sogar die Vorstellung von neun riesigen Chören verschiedener Engelgruppen.

Bei drei Engeln, die zur Gruppe der Erzengel gehören, wissen wir aus der Bibel auch die Namen. Du bist ihnen in diesem Buch schon begegnet: Gabriel, der wichtigste Bote Gottes, Michael, der Kämpfer gegen das Böse und Seelenwäger, und Raphael, der Heiler und Schützer.

Das Wort Engel selbst kommt aus dem Griechischen und bedeutet Bote und auch im Hebräischen, der Sprache des Alten Testaments, ist das Wort Bote die Bezeichnung für Engel.

In diesem Fresko zeigt der Maler Peter von Cornelius Gottvater als mächtigen Schöpfer. Er thront über der Erdkugel und weist Sonne und Mond ihren Platz am Himmel zu. Um ihn sind alle Engel des Himmels vereint. Vierflügelige Cherubim stützen die Erdkugel, andere halten Gefäße, aus denen Weihrauch zum Lobe Gottes emporsteigt. Wieder andere musizieren oder halten Herrschaftszeichen in ihren Händen. Und über dem Tierkreis als Sinnbild des Weltalls erscheinen sechsflügelige Seraphim. So hat sich dieser Maler den himmlischen Hofstaat vorgestellt.

Halleluja!
Lobet den Herrn vom Himmel her,
lobt ihn in den Höhen:
Lobt ihn, all seine Engel,
lobt ihn, all seine Scharen;
lobt ihn, Sonne und Mond,
lobt ihn, all ihr leuchtenden Sterne;
lobt ihn, alle Himmel und ihr Wasser
über dem Himmel!
Loben sollen sie den Namen des
Herrn; denn er gebot,
und sie waren erschaffen.

(Psalm 148, 1–5)

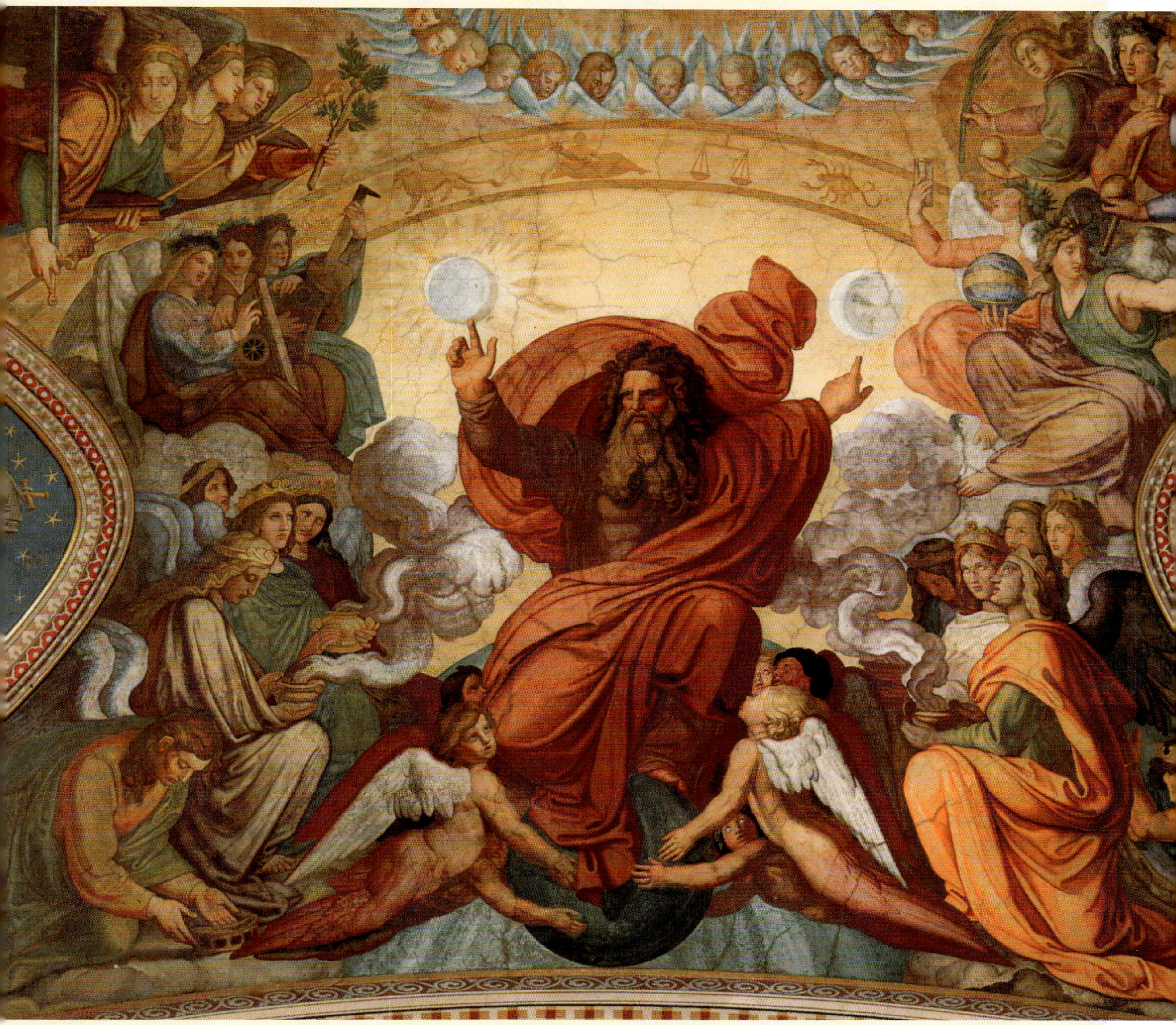

»Krönung Mariens« Meister der Lyversberger Passion, um 1465

Himmlische Musikanten

Laurentius begegnete bei seiner Suche immer wieder Bildern mit musizierenden oder singenden Engeln:

Schon die frühen Christen stellten sich die Harmonie, den Einklang der ganzen Schöpfung, wie eine Musik vor, die alles in dieser Schöpfung durchdringt und von den Engeln herrührt. Und so haben auch die Maler gerne Engel singend, tanzend und Musikinstrumente spielend dargestellt. Die Engel musizieren zur Freude und zur Verherrlichung Gottes, sie singen sein Lob, aber sie blasen auch in ihre Posaunen, wenn das Weltgericht kommen soll.

Golden leuchtet der Hintergrund auf diesem Bild. Da weiß man gleich, dass hier der Himmel ist. Gottvater und Jesus Christus sitzen auf einem breiten, von Engeln getragenen Thron. Sie halten über das Haupt der vor ihnen knienden Maria eine Krone. Darüber schwebt die Taube des Heiligen Geistes. Links und rechts vom Thron singen und musizieren die Engel zur Ehre Gottes und der Gottesmutter Maria. In vier Reihen sind sie angeordnet. Damit das Ganze nicht langweilig wird, hat der Maler die Farben der Gewänder und die Musikinstrumente oder Tätigkeiten der Engel auf den beiden Seiten unterschiedlich gestaltet. Links zupfen die vordersten ihre Lauten, gelb gekleidete Engel darüber blasen Flöte. In der nächsten Reihe halten Engel in dunkelblauen Gewändern Harfen und die Engel darüber, diesmal in Rot, haben die Hände zum Gebet gefaltet. Auf der rechten Seite schauen die vorderen, rosa gekleideten Engel in ein großes Gesangbuch und singen voll Hingabe Lieder daraus. In der zweiten Reihe mit grüner Kleidung spielt ein Engel auf einer Geige. In der Reihe darüber sind die Engel in rotgoldenen und gelben Gewändern mit dem Lautenspiel beschäftigt und in der letzten blasen blau angezogene Engel auf Schalmeien und einer Posaune. Und wenn du genau hinschaust, kannst du dahinter noch weitere Flügel und Köpfe von Engeln erkennen.

Die beiden Menschen, die links und rechts in den unteren Bildecken knien, stellen Angehörige jener Familie dar, die dieses Bild für eine Kapelle in der Kirche St. Columba in Köln in Auftrag gegeben hat. Heute hängt das Bild aber nicht mehr an seinem ursprünglichen Platz, sondern in einem Museum in München.

Halleluja! Gut ist es, unserem Gott zu singen; schön ist es, ihn zu loben. (Psalm 147, 1)

Kinderengel

Detail aus »Madonna im Blumenkranz« · Peter Paul Rubens, um 1620

Auf vielen Bildern und Skulpturen fand Laurentius Engel, die wie kleine Kinder aussehen.

In den Texten der Bibel werden Engel meist als Männer bezeichnet. So haben auch die Maler die Engel zunächst als Männer wiedergegeben. Erst sehr viel später kamen Engel dazu, die wie Frauen oder Mädchen aussehen. Heute stellen sich die meisten Menschen Engel wie junge Frauen mit langen, oft blonden Lockenhaaren vor.

Vor ungefähr 700 Jahren begannen die Künstler aber auch, Kinderengel zu zeichnen, zu malen, in Bronze zu gießen, aus Holz zu schnitzen oder in Stein zu meißeln. Vielleicht hatte sie die damals aufkommende Meinung, dass die als Kinder Verstorbenen kleine Engel im Himmel werden, zu ihren Darstellungen angeregt. In jener Zeit mussten viele Kinder sterben, weil es schlimme Seuchen gab und wenige Medikamente gegen gefährliche Krankheiten. Den Eltern hat der Gedanke, dass ihr Kind nun ein Engel war, sicher Trost gegeben.

Für die Künstler wurde bald danach auch noch etwas anderes wichtig. Denn vor etwa 600 Jahren waren Bilder und Statuen geflügelter Knaben aus dem griechischen und römischen Altertum entdeckt worden. Das waren Darstellungen des heidnischen Liebesgottes Amor. Sie regten die späteren Künstler dazu an, auch christliche Engel als geflügelte Kinder zu malen. Oft dienten dabei den Künstlern ihre eigenen Kinder als Modell. Ob das angenehm war, so lange still zu sitzen oder zu stehen, bis der Vater (meist war es der Vater, denn früher gab es nur ganz wenige Frauen, die Künstlerinnen wurden) mit dem Zeichnen oder Malen fertig war? Sicher aber waren die Kinder stolz, wenn sie sich in einem Bild entdecken konnten. Fotografien gab es damals ja noch nicht.

Auch Peter Paul Rubens, der Maler dieses Bildes, hat seine eigenen Kinder als Modelle genommen. Hier turnt ein kleiner, wohlgenährter Junge in einem Blütenkranz herum. Der Kranz umrahmt die Darstellung der Gottesmutter Maria mit dem Jesuskind. Alle menschlichen Figuren hat Rubens gemalt, die Blumen aber sein Freund Jan Brueghel. So trug jeder der beiden zu dem Bild das bei, was er besonders gut konnte.

Solche kleinen, nackten oder nur spärlich bekleideten Knabenengel werden Putto oder Putten genannt. Das ist ein Wort aus dem Italienischen und bedeutet Kind. In manchen Bildern kannst du aber auch Engel finden, die allein aus einem Kinderkopf und Flügeln an Stelle von Armen bestehen. Der übrige Körper fehlt. Aber ob bloß als geflügeltes Köpfchen oder als Putto – bezaubernd sehen diese Kinderengel fast immer aus.

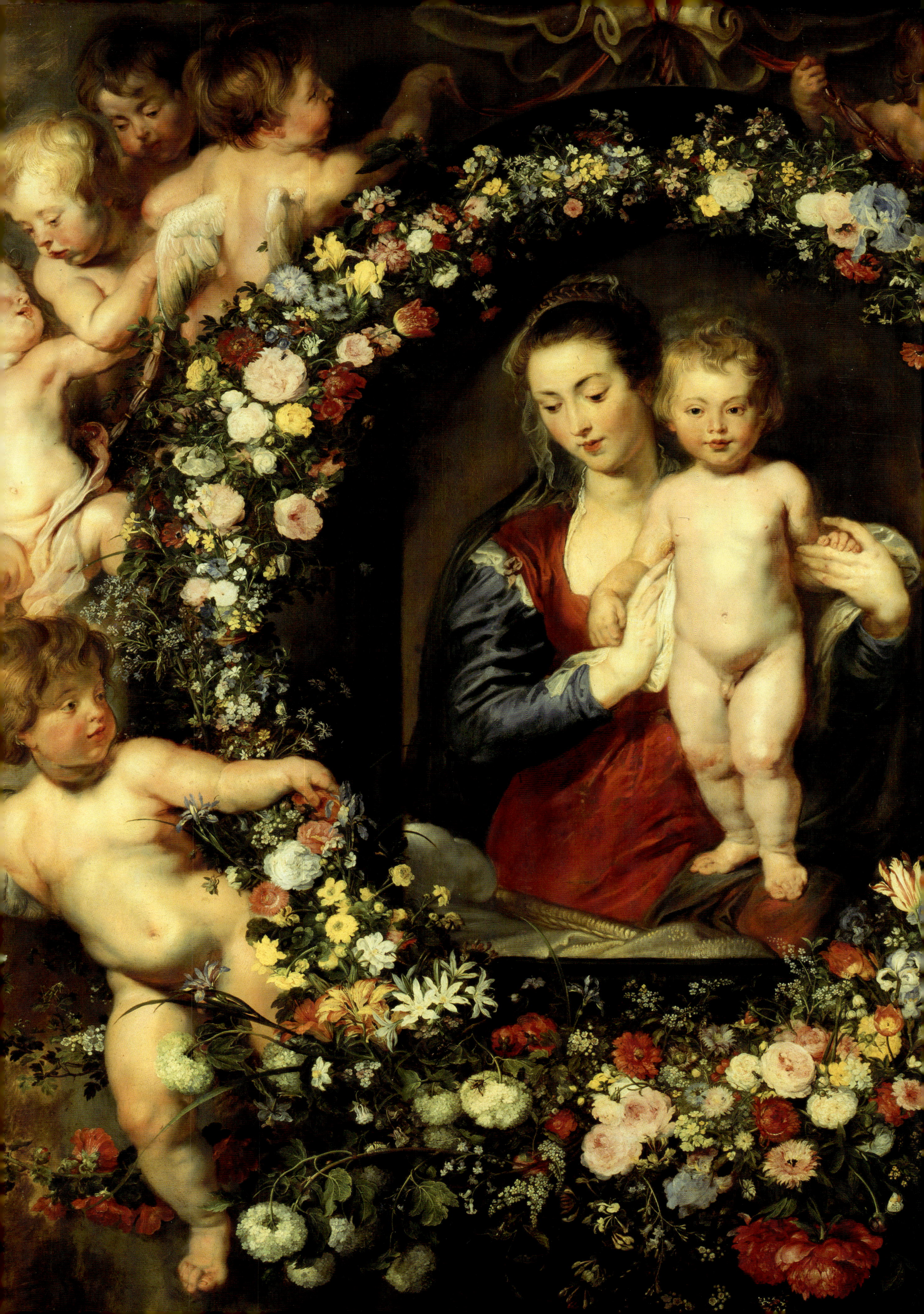

Ein Schutzengel für jeden von uns

»Schutzengel am Bach« Joseph Karl Stieler, 1831

Die Geschichte von Tobias und dem Erzengel Raphael hat vom besonderen Schutz erzählt, den Tobias durch den Engel erfuhr. Und auch die meisten anderen Schilderungen zeigen, dass uns Gottes Boten helfen, den richtigen Weg zu finden. Sie lassen uns verstehen, was wir tun sollen, oder sie bewahren uns vor Bösem. Es gibt in der Bibel aber auch noch andere Hinweise auf die Schutzengel, die den einzelnen Menschen und vor allem den Kindern zugeordnet sind, ihnen helfen und sie leiten. So kannst du in den Anordnungen, die Gott auf dem Berge Sinai dem Volk Israel gibt, den Satz finden:

»Ich werde einen Engel schicken, der dir vorausgeht. Er soll dich auf dem Weg schützen und dich an den Ort bringen, den ich bestimmt habe. Achte auf ihn und höre auf seine Stimme!«

In einem der Psalmen steht: »Denn er befiehlt seinen Engeln, dich zu behüten auf all deinen Wegen.« (Psalm 91, 11)

Und Jesus sagte einmal über die Kinder: »Ihre Engel im Himmel sehen stets das Angesicht meines himmlischen Vaters.«

Ein kleines Mädchen, barfuß und in einem weißen Kleid, ist zum Blumenpflücken in einen dunklen Wald gegangen. Die schönsten Blumen fand es am Ufer eines Baches. Doch da wurde das Mädchen müde und ist mit seinem Strauß in der Hand eingeschlafen. Nun umarmt und behütet es sein Schutzengel. So wird das Mädchen nicht in den Bach fallen und dort womöglich ertrinken. Und die Schlange hinter dem Stein wird es nicht beißen. Liebevoll blickt der Engel auf das Mädchen und bewahrt es vor allen Gefahren.

Die Schlange aber ist nicht nur ein giftiges Tier, sondern auch ein Sinnbild des Bösen und der Sünde. Schon im Paradies war es eine Schlange, die Eva dazu verführte, von der verbotenen Frucht zu essen, obwohl Gott dies den Menschen verboten hatte. Seit damals wird deshalb die Schlange mit dem Bösen verbunden. Der Maler wollte mit der Schlange also auch zeigen, dass Schutzengel uns nicht nur in äußeren Gefahren beschützen, sondern auch vor schlechten Taten.

Doch trotz des ernsten Inhalts ist das Bild schön anzuschauen – der Maler Joseph Stieler hat auch sonst gerne hübsche Frauen gemalt, darunter viele Bilder für den bayerischen König Ludwig I. in Schloss Nymphenburg.

»Ich werde einen Engel schicken, der dir vorausgeht. Er soll dich auf dem Weg schützen und dich an den Ort bringen, den ich bestimmt habe. Achte auf ihn und höre auf seine Stimme!« (Exodus 23, 20–21)

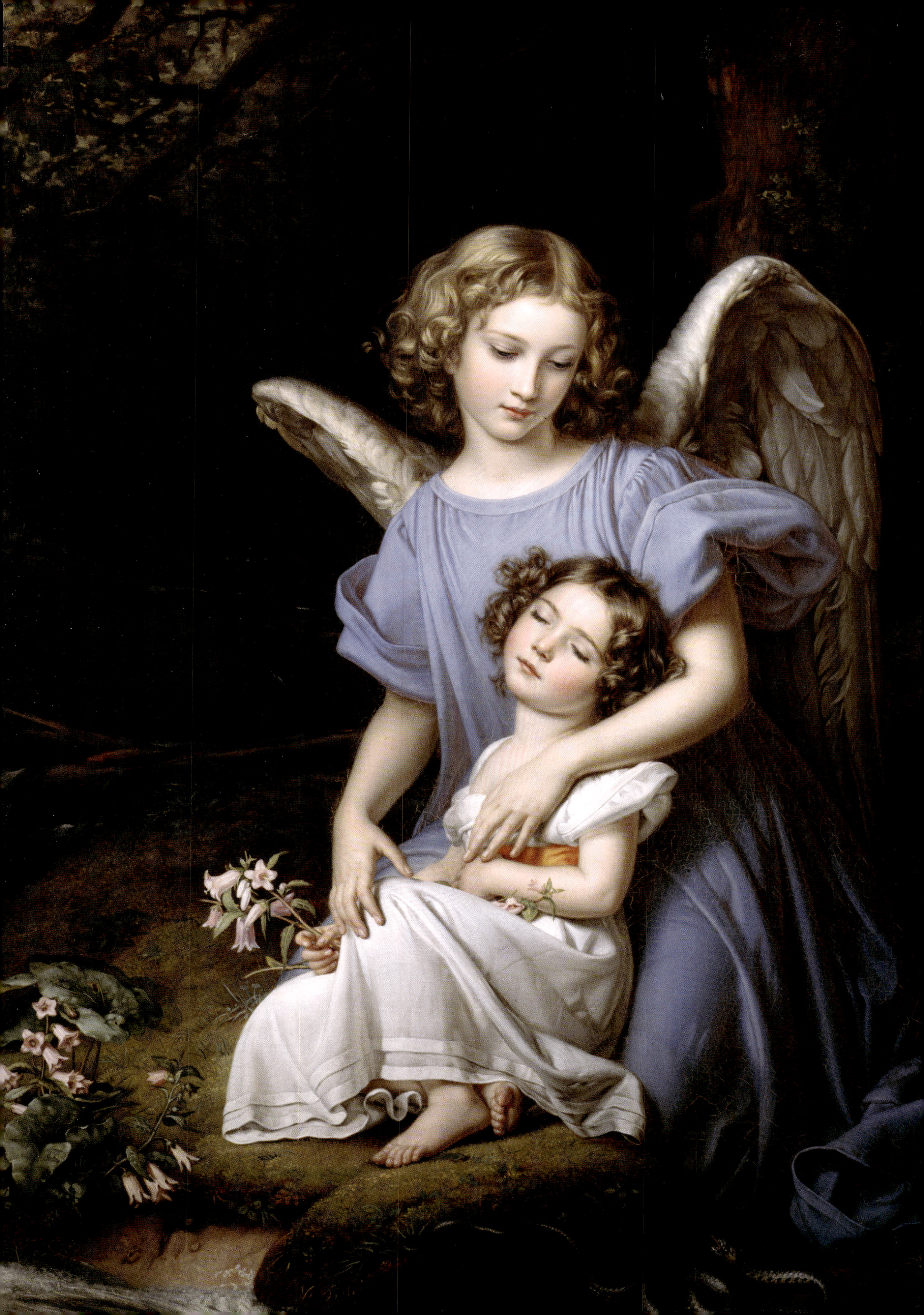

Engel und Heilige

»Matthäus und der Engel« Michelangelo Merisi da Caravaggio, 1602

Engelsgeschichten finden sich nicht nur in den Erzählungen des Alten Testaments oder des Lebens Jesu. Auch in Heiligenlegenden, das sind die Lebensbeschreibungen von Menschen, die besonders gottgefällig lebten, entdeckte Laurentius Engelgeschichten.

Von vielen Heiligen wird berichtet, dass sie Begegnungen mit Engeln hatten. Engel halfen ihnen, beschützten sie, brachten ihnen eine Botschaft oder erschienen ihnen im Traum. Ganz besonders mit einem Engel verbunden ist der Evangelist Matthäus.

Matthäus war ein Zöllner, als Jesus ihn zum Apostel berief. Zöllner waren im alten Israel zur Zeit Jesu verachtete Menschen. Sie galten als üble Sünder, weil sie Zölle für die verhasste römische Besatzungsmacht eintrieben und meist ganz willkürlich noch mehr verlangten, um es in die eigene Tasche zu stecken. Eines Tages kam Jesus an der Zollstube eines Mannes namens Levi vorbei und forderten diesen auf, ihm nachzufolgen. Levi verließ seine zweifelhaften Geldgeschäfte, erhielt nun den Namen Matthäus und wurde ein Jünger Jesu. Später schrieb er eines der vier Evangelien der Bibel, die über das Leben und Wirken von Jesus Christus berichten. Matthäus soll, so wird erzählt, beim Dienst am Altar mit einem Dolch ermordet worden sein.

Als Evangelist wurde Matthäus die Gestalt eines Engels zugeordnet. Diese ist sein Sinnbild. Die anderen Evangelisten bekamen einen geflügelten Löwen (Markus), einen geflügelten Stier (Lukas) und einen Adler (Johannes) als ihre Erkennungszeichen.

Die vier Evangelisten gehören zu den besonders angesehenen und verehrten Heiligen, denn ihnen verdanken wir unser Wissen über das Leben Jesu Christi. Die Maler stellten sie deshalb meist als gelehrte Schreiber dar. Auf diesem Bild ist Matthäus ebenfalls gerade dabei, an seinem Evangelienbericht zu schreiben. Doch schau mal, wie er das macht! Normalerweise sitzt man beim Schreiben ordentlich auf einem Stuhl – so wie du in der Schule!? Doch hier im Bild von Caravaggio kniet Matthäus mit einem Bein auf einem Schemel und schaukelt darauf herum. Ob ihm das Schreiben schwer fällt? Er hat eine Feder in der Hand und ein dickes Buch vor sich. Das muss gefüllt werden. Wie soll er bloß einen Anfang finden? Es macht Mühe, so viel schreiben zu müssen. Dolch Matthäus bekommt Unterstützung. Sein Engel ist herbeigeflogen. Matthäus hat sich umgedreht, und nun zeigt ihm der Engel mit seinen Fingern, was und wie der Apostel schreiben soll. So kann Matthäus seinen Bericht mit Hilfe eines göttlichen Boten verfassen.

Engel haben viele verschiedene Aufgaben.

Nur Matthäus und der Engel sind hell beleuchtet, alles Übrige verschwindet im dunklen Hintergrund. Der Maler zeigt uns nur, was wichtig ist. Für dieses Hell-Dunkel ist der Maler Caravaggio besonders berühmt.

Als Jesus von dort wegging, sah er einen Zöllner namens Levi am Zoll sitzen und sagte zu ihm: Folge mir nach! Da stand Levi auf, verließ alles und folgte ihm.

(Lukas 5, 27–28)

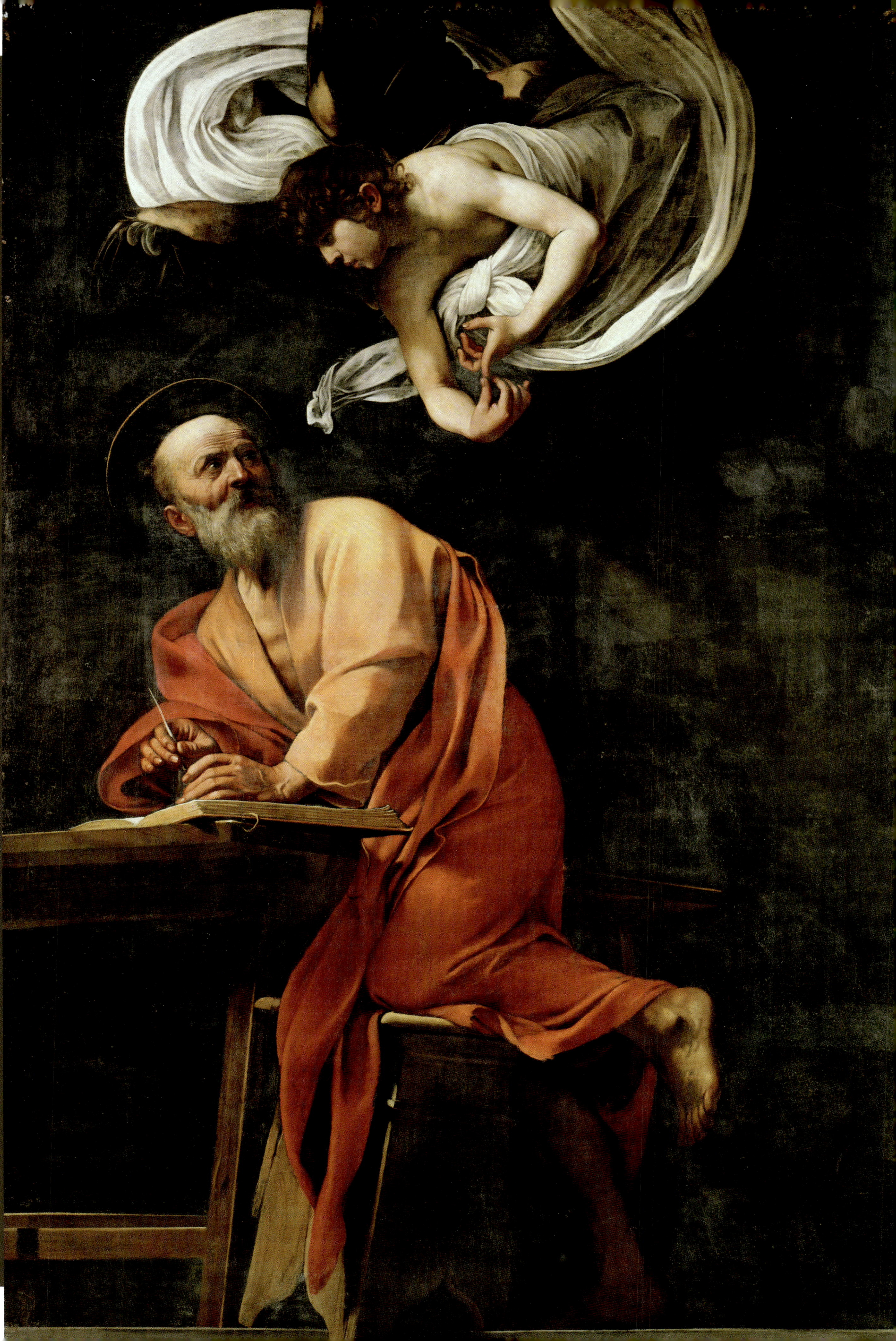

»Der Sturz der gefallenen Engel« *Pieter Bruegel d. Ä., 1562*

Sind Engel immer gut?

Auch der Teufel war einmal ein Engel. Alte Legenden erzählen, dass ein Erzengel mit dem Namen Luzifer, das heißt Lichtträger, stolz und herrschsüchtig war und Gott gleich sein wollte. Deshalb wurde er aus dem Himmel gestürzt. In der Bibel kann man das nicht nachlesen, aber auch in ihr finden sich Hinweise, dass es Engel gab, die nicht mehr Gott untertan sein wollten und sich mit dem Bösen verbanden. Bei späteren Schriftstellern ist dann aus dem gefallenen Engel Luzifer der Teufel oder Satan geworden, gegen den der Erzengel Michael am Ende der Zeiten kämpfen wird. Dann wird das Böse besiegt und vernichtet sein.

Auf diesem Bild siehst du den wilden Kampf der guten Engel gegen die bösen. In der Mitte hat der Erzengel Michael in goldfarbener Rüstung, mit großen Flügeln und mit einem weit nach hinten flatternden Umhang seine Lanze erhoben, um ein großes Ungeheuer vor ihm zu töten. Neben ihm schwingen andere Engel in weißen oder farbigen Gewändern ihre Schwerter und Lanzen. Wieder andere Engel blasen mit ihren Instrumenten und fordern so zum Kampf auf.

Eine wilde Schlacht ist entbrannt. Die bösen Engel schauen allerdings gar nicht mehr wie Engel aus. Der Maler hat sie in dämonische Ungeheuer verwandelt. Ihre Körper gleichen Mischwesen aus Fischen, Kröten und Insekten. Manche haben noch einen menschlichen Kopf, andere nicht einmal mehr das. In einem riesigen Durcheinander und in engen Knäueln stürzen sie aus dem Licht des Himmels in das Dunkel der Nacht. Früher haben die Maler das Böse meist hässlich gemalt und das Gute schön, damit man es sofort erkennen kann.

Der Drache und seine Engel kämpften, aber sie konnten sich nicht halten, und sie verloren ihren Platz im Himmel. (Offenbarung 12, 7–9)

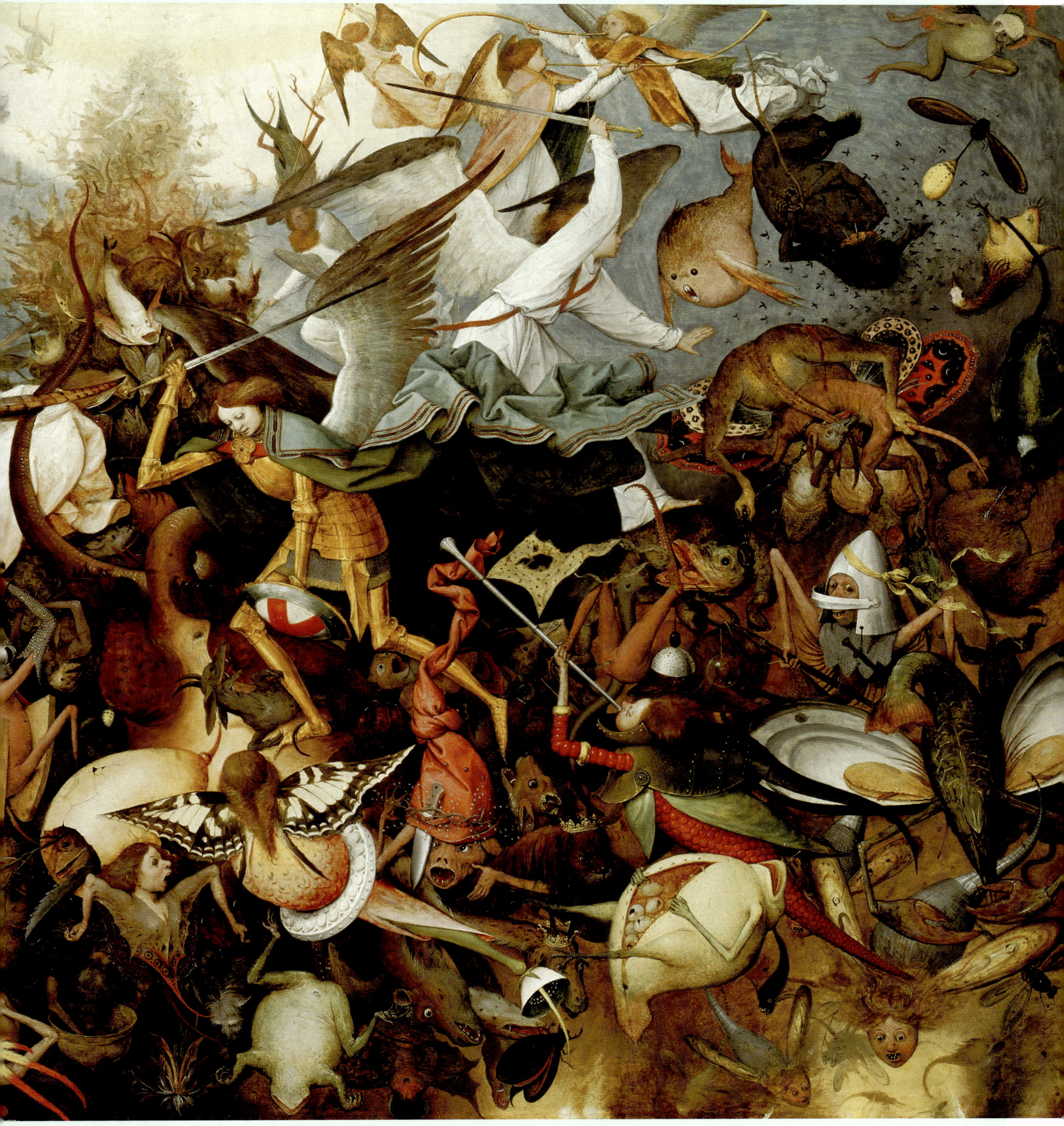

Engel in anderen Religionen

Miniatur aus »Aja'ib al-Markhtukat« 16. Jh.

Nachdem Laurentius viele schöne Engelgeschichten des Christentums gelesen hatte, wollte er wissen, ob auch Menschen mit einem anderen Glauben Engel kennen:

Ja, nicht nur die Christen kennen Engel, sondern auch die Juden, aus deren Glauben das Christentum hervorgegangen ist, und die Menschen mohammedanischen Glaubens. Auch andere Religionen wissen von überirdischen Wesen, die meist Flügel haben und die Menschen mit dem Göttlichen verbinden. Da tauchen Sternenengel und Windengel, Feuerengel und Wasserengel auf und noch viele mehr. Ebenso gab es im alten Ägypten und im griechischen und römischen Altertum Götter und Götterboten mit Flügeln. Eine von ihnen war die römische Siegesgöttin Victoria. Ihre Darstellungen haben später christliche Künstler so beeinflusst, dass sie Engel ähnlich wie eine Victoria malten, aber nicht als Frau, sondern als Mann. Schließlich waren die Engel in der Bibel ja meistens Männer.

Vielleicht haben die Menschen früher mehr wahrnehmen können, als ihr Sinn noch nicht so ausschließlich auf das Sichtbare und Messbare gerichtet war wie heute. Vielleicht haben sie dadurch mehr von den Engeln erfahren. Manchmal waren auch Menschen wie Engel, weil sie ihren Mitmenschen Gottes Botschaft übermitteln konnten. Etwas Wichtiges hat sich in ihrem Leben ereignet oder sie verändert. Die Menschen wussten auf einmal, was sie machen sollten. Eine Botschaft war angekommen.

Auf dem Bild hier siehst du einen mohammedanischen Engel. Im Koran, dem heiligen Buch der Mohammedaner, werden Engel häufig erwähnt, besonders auch Gabriel und Michael. Aber es gibt auch noch andere Engel-Namen wie Harut, Marut, Israfil, Munkar und Nakir. Der Engel Gabriel soll Mohammed, dem Gründer dieser Religion, den Text des Korans mitgeteilt haben. Auch die Engel im Islam loben Gott im Himmel. Sie führen seine Befehle aus und sind seine Boten. Sie schützen die Gläubigen. Diese Engel des Islam haben immer Flügel, manchmal zwei, manchmal drei oder auch vier.

Der Engel hier trägt über einer Hose ein langes Hemd und einen großen Umhang. Alles ist kräftig, vor allem in Blau und Rot gemustert. Der Engel ist barfuss. Auf dem Kopf trägt er einen Turban, wie es in vielen Gegenden für Mohammedaner auch heute noch üblich ist. Und er hat große ausgebreitete Flügel.

Und die Gläubigen alle glauben an Allah und seine Engel und seine Schriften und seine Gesandten.

(aus dem Koran)

ومنهم جبرئيل
صلوات الله عليه

امين الوحي وخازن القدس ويقال له ايضا الروح الامين والروح القدس والناموس الاكبر وطاوس الملائك جاء في الخبران ان الله تعالى اذا تكلّم بالوحي سمع اهل السماء صلصلة كجر السلسلة على الصفا فيصعقون ولا يزالون كذلك حتى يأتيهم جبرئيل عليه الس[لام]

فاذا اجاء فرع عن قلوبهم قالوا يا جبريل ماذا قال ربك فيقول الحق الحق فينادون الحق الحق وجاء في الخبران النبي صلى الله عليه وسلّم لجبريل انّي احبّ ان اراك على صورتك فقال انك لا تطيق قال صلى الله عليه وسلّم بلى فواعده بالبقيع في ليلة مقمرة فاتى في صورته فرأه النبي صلى الله عليه وسلّم فاذا هو سدّ الافاق فوقع مغشيا عليه

Moderne Engel

»Engel, noch tastend« Paul Klee, 1939

Laurentius wollte aber auch wissen, wie Künstler aus unserer Zeit Engel darstellen. Der Maler Paul Klee, der gegen Ende seines Lebens an einer sehr schweren Krankheit litt und oft nur mit Mühe malen konnte, hat gerade während dieser Zeit viele Engelbilder geschaffen. Nicht immer kann man gleich erkennen, dass da ein Engel dargestellt ist. Aber alle diese Bilder zeigen etwas von dem, wie Engel uns begegnen können.

Durch dunkle Schwaden muss er sich tasten, dieser Engel von Klee. Hat er überhaupt Flügel? Und wo befindet sich der Engel eigentlich? Im Himmel oder in unserer Welt? Alles ist so unbestimmt, fast verwirrend. Was sehen wir auf dem Bild wirklich? Und was denken wir, wenn wir lesen, dass es ein Engel ist? Paul Klee wollte uns sicher kein einfaches Engelbild zeigen. Das Unsichtbare hinter dem Sichtbaren war ihm viel wichtiger! Darüber sollen wir nachdenken.

Nicht alle Künstler haben Bilder gemalt, sie sind stattdessen anderen Einfällen gefolgt.

Jakob Gautel und Jason Karaindros bauten für eine Ausstellung einen sogenannten Engeldetektor. Ein Detektor ist ein Messgerät. Ein Engeldetektor soll natürlich die Anwesenheit eines Engels anzeigen. Dafür montierten die beiden Künstler eine Glühbirne auf einem Holzsockel und stülpten einen Glassturz darüber. Die Glühbirne geht nur dann an und leuchtet, wenn die Besucher im Ausstellungsraum so ruhig sind, dass man fast einen Engel vorüberschweben hören könnte. Denn wir wissen ja: Engel wirken im Stillen und nicht im Getöse der Welt.

Der italienische Künstler Claudio Parmiggiani hat eine riesige, ganz schwarze Leinwand genommen und auf ihr an einer Schnur zwei weiße Gipsabgüsse von Engelsflügeln montiert. Hat sie der Engel einfach zurückgelassen? Oder wollte der Künstler zeigen, dass gerade das, woran wir einen Engel erkennen – die Flügel – wohl nicht das Wesentliche an ihm sind. Wir wissen ja nicht, wie Engel wirklich aussehen. Ja, vielleicht hat uns Claudio Parmiggiani in diesem Bild mehr von einem Engel gesagt, als es viele andere Künstler vermochten, die Engel ganz genau gemalt haben. Genannt hat Claudio Parmiggiani sein Werk: Großes Schwarz.

1939 MN 13 Engel, noch tastend

Laurentius beginnt zu malen

Nachdem Laurentius das Bild von Paul Klee gesehen hatte, begriff er, worauf es ankam. Er suchte nun nicht mehr weiter nach Engelbildern. Er begann zu malen. Und die ganze Zeit hatte er das Gefühl, ein Engel würde neben ihm stehen.

Ob es schön geworden ist, das Bild von Laurentius? Ich kann es dir nicht sagen, er hat es mir nicht gezeigt. Willst auch du einen Engel malen?

Bildnachweis

Titel, Seite 4–6: Detail: »Die Engel«, 1512/13; Raffaello Santi (1483–1520) © Staatliche Kunstsammlungen Dresden Gemäldegalerie Alte Meister; Foto: Hans-Peter Klut, SKD

Seite 7: »Verkündigung an Maria«, 1504; Vittore Carpaccio (ca. 1460–1526); Venedig, Ca' d'Oro; © 1990, Photo Scala, Florence – courtesy of the Ministero Beni e Att. Culturali

Seite 11: »Der Wächter des Paradieses«, 1889; Franz von Stuck (1863–1928); München, Museum Villa Stuck (Schenkung Ziersch)

Seite 13: »Der Besuch der drei Männer bei Abraham«, nach 420, aus dem Mosaikzyklus »Die Geschichte Abrahams«; Rom, Santa Maria Maggiore; © 1998, Photo Scala, Florence

Seite 14–15: »Hagar in der Wüste«, 1727; Giambattista Tiepolo (1692–1770); Udine, Palazzo Arcivescovile; © 1996, Photo Scala, Florence

Seite 16–17: »Abraham opfert Isaak«, um 1778; Januarius Zick (1730–1797), Wallraf-Richartz-Museum, © Rheinisches Bildarchiv, Köln

Seite 19: »Der Traum Jakobs von der Himmelsleiter«, um 1490; unbekannter französischer Meister; Avignon, Musée du Petit-Palais; © bpk / RMN / René-Gabriel, Ojéda

Seite 21: »Jakobs Kampf mit dem Engel«, ca. 1850–1861; Eugène Delacroix (1798–1863); Paris, Saint Sulpice; Foto: Bridgeman / Alinari Archives, Florence

Seite 23: »Die Israeliten essen das Osterlamm«, 1931; Marc Chagall (1887–1985); Foto: bpk / RMN / Musée national Message biblique Marc Chagall, Nice / Gérard Blot

Seite 25: »Der Prophet Bileam«, 1626; Rembrandt (1606–1669); Paris, Musée Cognacq-Jay Musée des Beaux-Arts de la ville de Paris; © ullstein bild / Roger-Viollet

Seite 27: »Das Opfer des Manoah«, um 1650; Rembrandt Nachfolger; © Staatliche Kunstsammlungen Dresden Gemäldegalerie Alte Meister, Foto: Hans-Peter Klut, SKD

Seite 29: »Elias Speisung durch einen Engel«, 1464–1468; Dirck Bouts d.J. (um 1448–1491); Löwen, St. Pieter; © M Museum, Löwen

Seite 31: »Tobias und der Engel«, um 1607/08; Adam Elsheimer (1578 (Taufe)–1610); Historisches Museum Frankfurt a. M.; Foto: Horst Ziegenfusz

Seite 32–33: »Jünglinge im Feuerofen«; Jacob Willemsz de Wet (1610–um 1675); Bayerische Staatsgemäldesammlungen, München; © Bayer & Mitko / ARTOTHEK

Seite 35: »Daniel in der Löwengrube«, 1757; Jacopo Guarana (1720–1808); Conservatore Civici Musei, Udine

Seite 37: »Heliodor wird aus dem Tempel vertrieben«, 1850–1861; Eugène Delacroix (1798–1863); Paris, Saint-Sulpice, Engelskapelle; Foto: bpk / RMN / Bulloz

Seite 39: »Die Verheißung der Geburt des Täufers«, 1416, aus dem Zyklus »Das Leben Johannes des Täufers«; Lorenzo und Jacopo Salimbeni (14.–15. Jh.); Urbino, Oratory of San Giovanni Battista; © 2007, Photo Scala, Florence

Seite 41: »Der Traum des hl. Joseph«, 1751; Anton Raphael Mengs (1728–1779); Dresden, Hofkirche, Seitenaltar; Dresden, Sächsische Landesbibliothek, Deutsche Fotothek, H. Reinecke

Seite 42–43: »Verkündigung an die Hirten«, 15. Jh.; Sano di Pietro (1406–1481); Siena, Pinacoteca Nazionale; © 1990, Photo Scala, Florence –courtesy of the Ministero Beni e Att. Culturali

Seite 45: »Anbetung des Kindes«, um 1445; Stefan Lochner (um 1410–1451/52); Bayerische Staatsgemäldesammlungen – Alte Pinakothek, München

Seite 47: »Der Traum der Heiligen Drei Könige«, um 1120/40; Albani-Psalter; Hildesheim, St. Godehard und Dombibliothek

Seite 49: »Josephs Traum im Stall von Bethlehem«, 1645; Rembrandt van Rijn (1606–1669); Berlin, Staatliche Museen; Foto: bpk

Seite 51: »Jesus heilt einen Gelähmten am Teich Betesda«, um 1667–1670; Bartolomé Esteban Murillo (1618–1682); © National Gallery, London

Seite 53: »Christus am Ölberg«, 1458; Meister des Sterzinger Altares (Hans Multscher und Werkstatt); Sterzinger Altar, Multscher-Museum, Sterzing

Seite 55: »Die drei Marien am Grabe Christi«, um 1420; Hubert (1370–1426) und Jan (1390–1441) van Eyck; Museum Boijmans Van Beuningen, Rotterdam

Seite 57: »Christi Himmelfahrt«, 1007–1012; Perikopenbuch Kaiser Heinrichs II.; Bayerische Staatsbibliothek, München

Seite 59: »Befreiung Petri aus dem Kerker«, 1511–1514; Raffaello Santi (1483–1520); Vatican, Stanza di Eliodoro; © 1990, Photo Scala, Florence

Seite 61: »Der heilige Michael als Seelenwäger«, um 1350; Guariento di Arpo (ca.1310–1370); Padua, Museo Civico; © 1990, Photo Scala, Florene

Seite 63: »Gottvater als Schöpfer von Himmel und Erde«, 1836-1840; Peter von Cornelius (1783-1867); © Wolf-Christian von der Mülbe, Dachau

Seite 65: »Krönung Mariens«, um 1465; Meister der Lyversberger Passion; Bayerische Staatsgemäldesammlungen – Alte Pinakothek, München; Leihgeber Wittelsbacher Ausgleichsfonds

Seite 67: »Madonna im Blumenkranz« (Detail), um 1620; Peter Paul Rubens (1577–1640); Bayerische Staatsgemäldesammlungen – Alte Pinakothek, München

Seite 69: »Schutzengel am Bach«, 1831; Joseph Karl Stieler (1781–1858); © Landesmuseum Mainz (Ursula Rudischer)

Seite 71: »Matthäus und der Engel«, 1602; Michelangelo Merisi da Caravaggio (1573–1610); Rom, San Luigi dei Francesi; © 1990, Photo Scala, Florence

Seite 73: »Der Sturz der gefallenen Engel«, 1562; Pieter Bruegel d. Ä. (1528–1569); Brussels, Musees Royaux des Beaux-Arts; © 1990, Photo Scala, Florence

Seite 75: Miniatur aus »Aja'ib al-Markhtukat«, 16. Jh. © British Library, London

Seite 77: »Engel, noch tastend«, 1939; Paul Klee (1879–1940); Privatbesitz Schweiz, Depositum im Zentrum Paul Klee, Bern; © VG Bild-Kunst, Bonn

Der Verlag hat sich nach Kräften bemüht, alle Inhaber von Bildrechten ausfindig zu machen. Für versehentlich nicht oder falsch angegebene Quellen bitten wir bereits im Voraus um Nachsicht. Mögliche Rechteinhaber werden gebeten, gegebenenfalls mit dem Verlag Kontakt aufzunehmen.

IMPRESSUM

ISBN 978-3-939905-30-1
Erste Auflage
© 2009 by Verlag Sankt Michaelsbund, München
www.st-michaelsbund.de
Printed in Germany.
Alle Rechte vorbehalten. Nachdruck und Vervielfältigung – auch auszugsweise – nicht gestattet.
Gestaltung: Florian Stürmer, www.raumdrei.de
Herstellung: Heichlinger Druckerei GmbH, Garching b. München